Renate - Doina Bratu

Crise e regulação da atividade financeira e bancária

Renate - Doina Bratu

Crise e regulação da atividade financeira e bancária

Abordagens conceptuais

ScienciaScripts

Imprint
Any brand names and product names mentioned in this book are subject to trademark, brand or patent protection and are trademarks or registered trademarks of their respective holders. The use of brand names, product names, common names, trade names, product descriptions etc. even without a particular marking in this work is in no way to be construed to mean that such names may be regarded as unrestricted in respect of trademark and brand protection legislation and could thus be used by anyone.

Cover image: www.ingimage.com

This book is a translation from the original published under ISBN 978-3-659-88878-6.

Publisher:
Sciencia Scripts
is a trademark of
Dodo Books Indian Ocean Ltd. and OmniScriptum S.R.L publishing group

120 High Road, East Finchley, London, N2 9ED, United Kingdom
Str. Armeneasca 28/1, office 1, Chisinau MD-2012, Republic of Moldova, Europe
Managing Directors: Ieva Konstantinova, Victoria Ursu
info@omniscriptum.com

Printed at: see last page
ISBN: 978-620-8-59214-1

ÍNDICE DE CONTEÚDOS

Dedicado a ......

...o meu filho amado

Agradecimentos Projeto "Estudos pós-doutorais em economia: um programa de formação contínua de investigadores de elite - SPODE-" cofinanciado pelo Fundo Social Europeu através do POSDRU 2007-2013, contrato n.º 394 POSDRU/89/1.5/S/61755

Introdução

O mundo atual está em constante mudança. Assistimos a acontecimentos inesperados que, eventualmente, afectam o bem-estar humano. É o caso da crise. O artigo "Crise e Regulação da Atividade Financeira - Bancária. Abordagens conceptuais" apresenta, numa perspetiva metodológica e crítica, os conceitos de crise e de regulação que ocorrem num ambiente evolutivo e complexo. Os principais objectivos do artigo são de natureza concetual; propomos novas definições dos conceitos de crise e regulação, com um carácter não cíclico. Neste contexto, procurou-se apontar o mecanismo económico chave - o ciclo económico - bem como o processo de regulação financeira e os seus objectivos mais importantes. O artigo pretende contribuir para a expansão do conhecimento, propondo alguns elementos novos na explicação lógica do tema. Começando por avaliar o estado atual do conhecimento e das doutrinas sobre os ciclos económicos e a regulação financeira, os principais resultados da nossa investigação materializam-se em argumentos para o carácter necessário dos ciclos económicos e para o lugar da crise neste contexto de ciclos económicos; proposta de novas definições para a crise socioeconómica e para a regulação financeira; um esboço do mecanismo gerador da crise; argumentos para o carácter não cíclico da crise como para a classificação das principais formas de crise socioeconómica; proposta de criação de uma nova arquitetura para a regulação financeira, a nível global; proposta de condução da regulação financeira com base na colaboração público-privada; formulação de uma possível resposta à questão: a regulação financeira representa uma causa ou um efeito da crise?

CAPÍTULO 1 A CRISE E OS CICLOS DO PROCESSO ECONÓMICO

Os conceitos de crise e de ciclo são definidos na literatura económica como incluindo um ao outro, no sentido em que o fenómeno económico[2] designado por crise representa uma componente do processo económico[3] designado por ciclo económico. Partindo desta afirmação quase geral, neste capítulo pretendemos distinguir a possibilidade de o fenómeno da crise ser uma componente do sistema económico colocada fora da trajetória do ciclo económico. Os argumentos que sustentam esta hipótese basear-se-ão na descrição das caraterísticas definidoras dos dois conceitos, tal como resultam das nossas convicções científicas.

1. Teorias e modelos dos ciclos económicos

Os ciclos económicos, vistos como a dinâmica do fenómeno económico, têm sido alvo de muitos estudos e investigações desde o início do século XIX, quando célebres filósofos da disciplina económica se preocuparam com questões relativas às causas dos sucessivos períodos de aumento e diminuição - quantitativos e qualitativos. Começando pelos clássicos franceses e anglo-saxónicos, passando pela revolução keynesiana, o monetarismo e o neoclassicismo, todas estas teorias explicam o processo económico como a fonte das flutuações e o mecanismo de propagação dessas fontes no sistema económico.

Sintetizando a literatura sobre história económica, as principais ideologias da evolução do fenómeno económico podem ser classificadas de acordo com, pelo menos, dois critérios:

- *o critério de causalidade*: a teoria da procura agregada e a teoria da oferta agregada ou teorias internas (endógenas) e teorias externas (exógenas) (Samuelson, Nordhouse, 2001, p. 659);
- *o critério temporal*: as teorias clássicas, a revolução keynesiana, a teoria monetarista, a teoria neoclássica, a teoria neo-keynesiana, a teoria do ciclo real, etc. (Tanasescu, 2004).

A ideia de modelar um padrão para os ciclos económicos leva-nos a apresentar sinteticamente os fundamentos das teorias acima mencionadas.

A teoria da procura agregada afirma o seguinte: a diminuição da procura agregada, na condição de a oferta se manter inalterada, determina uma diminuição da produção e dos preços, bem como da inflação, gerando assim o "regresso" da economia à trajetória de recessão. Se a procura agregada aumentar, o efeito será o oposto, ou seja, a economia "regressa" ao período de expansão.

A teoria da oferta agregada sustenta que uma modificação na diminuição da oferta a nível agregado, na condição de a procura agregada se manter inalterada, determina uma redução da

[2] Por fenómeno entendemos a expressão conhecível (que pode ser experimentada e comunicada interpessoalmente) do numen (Dinga, 2011, p. 24). Mencionamos que o numen é um ente em si mesmo, na obra de Kant.

[3] Por processo entendemos a variação do fenómeno (Dinga, 2011, p. 24), ou seja, a evolução do fenómeno analisado.

produção e, implicitamente, um aumento dos preços no mercado. Analogamente, o aumento da oferta a nível agregado determina o aumento da produção e, implicitamente, a redução dos preços. Na economia, ocorrerá um processo inflacionista.

As teorias internas (endógenas) apresentam os mecanismos que induzem flutuações na economia através da ação de factores específicos no sistema económico e que fazem com que estas flutuações (boom e recessão) se autogerem regularmente.

As teorias externas (exógenas) explicam os ciclos económicos através da ação de certos factores externos ao sistema económico, tais como: guerras, revoluções, eleições políticas, preços do petróleo, descoberta de certos recursos, migração da população, descobertas científicas, inovações tecnológicas, manchas solares, condições meteorológicas, catástrofes naturais, etc.

A teoria da economia auto-regulada foi específica do classicismo quando pensadores como A. Smith sustentaram o poder autorregulador da economia (a teoria da "mão invisível"), uma ideia também mantida e reforçada pela lei do "boom and bust" de J. P. Say. Esta lei pressupõe que cada produtor é um consumidor e vice-versa. Desta forma, o equilíbrio automático do comércio é atingido, e qualquer aumento da produção não representa, mas sim um alargamento do mercado (Popescu, 2009, p. 131). A teoria de Say foi posteriormente sustentada por J. Mill, J. S. Mill, Walras, etc. e criticada por Marx e Keynes até à era moderna; encontra-se na teoria da oferta agregada aplicada nos EUA nos anos 80.

A teoria keynesiana (J.M. Keynes) sugere a criação da análise macro da economia nacional e mantém a ideia de que os governos podem influenciar o estado da economia. As variáveis económicas como a inflação, o desemprego, o rendimento, o consumo, os investimentos tornam-se instrumentos importantes na implementação das políticas económicas (Tanasescu, 2004, p.30).

A teoria monetarista (M. Friedman, A. Schwartz, M.N. Rothbard) esboçada pela primeira vez por M. Friedman sustenta a ideia de que o aumento e a diminuição da quantidade de dinheiro em circulação e de créditos determinam flutuações no fenómeno económico. Por exemplo, considera-se que a recessão nos EUA durante 1981 e 1982 foi provocada pelo aumento da taxa de juro nominal pela Reserva Federal até 18% como medida de prevenção da inflação (Samuelson, Nordhouse, 2001, p.661).

A teoria do multiplicador e do acelerador de P. Samuelson sublinha que os choques externos propagados por um multiplicador de investimento que reage em associação com um acelerador determinam ondas na economia. A hipótese mais importante sustenta que os preços e os salários são considerados conhecidos e estáveis a curto prazo, pelo que os ajustamentos aos choques e às políticas económicas são realizados através da produção e do emprego (Samuelson, Nordhouse, 2001, p. 539). O modelo do multiplicador representa uma modificação do modelo keynesiano e contribui para a compreensão da influência da procura agregada no modelo de produção.

A teoria neoclássica deriva da teoria monetarista e traz para o debate a ineficiência das políticas económicas. Dentro desta teoria surgem novos conceitos para a avaliação da dinâmica da economia como a "expetativa racional" de J. Muth (1961) ou a "informação imperfeita" de Lucas (1973). Pouco tempo depois, Kydland e Prescott apontaram o modelo de equilíbrio não monetário; este defendia que os choques de oferta real são a principal causa das flutuações cíclicas.

A teoria neo-keynesiana explica que a ideia de ciclos económicos gerados por curto-circuitos na procura agregada e o mecanismo de propagação que prolonga estas ondas é formado a partir dos salários e da rigidez dos preços.

A teoria dos ciclos reais (E. Prescott, P. Long, C. Plosser) parte da ideia de choques determinados por modificações tecnológicas da oferta agregada que, uma vez gerados, contribuem para a diminuição da produtividade marginal (em certos sectores) e, mais ainda, para a redução da procura de trabalho e de capital, provocando flutuações.

A teoria do ciclo de equilíbrio económico (R. Lucas, R. Barro, T. Sergent) sugere que uma perceção errada da evolução dos salários e dos preços determina que a oferta de trabalho seja demasiado elevada ou demasiado baixa. Este facto produz uma flutuação cíclica do nível de produção e de emprego. Alguns adeptos desta teoria consideram que, nos períodos de recessão, o desemprego aumenta porque os indivíduos já contratados recebem salários elevados aos quais não renunciam.

A teoria política ou do ciclo eleitoral (M. Kalecki, W. Nordhouse, E. Tuffe) considera que as eleições presidenciais influenciam o estado da economia cerca de 6-9 meses antes.

Analisadas estas teorias, verificamos que cada uma delas tenta explicar a formação de flutuações na evolução económica através de vários factores causais (a procura agregada, a oferta agregada, internos ou externos à atividade económica), relativamente diferentes, mas que, na sua ação, se entrelaçam determinando padrões auto-evidentes. Estes modelos de flutuações económicas foram apontados através de estudos empíricos, normalmente, através de métodos matemáticos e estatísticos, métodos de análise macroeconómica, de determinados dados agregados materializados em variáveis como: PIB, produção industrial, o emprego, investimentos, consumo, e assim por diante.

Na próxima parte do capítulo, apresentaremos os modelos mais importantes de ciclos económicos. Consideramos como principais caraterísticas destes modelos a regularidade, a sequência[4] e a duração[5] das flutuações económicas. De acordo com a literatura económica, conhecemos os seguintes modelos de ciclos económicos: *o modelo do ciclo de Kitchin (curto), o modelo do ciclo de Hanau, o modelo do ciclo de Juglar (de 10 a 10 anos), o modelo do ciclo económico de Kuznets (médio), o modelo de Kondratieff (longo) e o modelo de Elliott (super ciclos).*

O ciclo económico de Kitchin (abreviado) foi sublinhado pelo especialista em estatística e empresário Joseph Kitchin no artigo "Cycles and Trends in Economic Factors". O autor analisou dados de 1890 a 1922 relativos à taxa de juro, ao valor das remunerações e dos preços nos EUA e no Reino Unido; considerou que as variáveis analisadas apresentam flutuações que têm uma duração média de 40 meses (3 anos ou 3-4 anos - Korotayev, Tsirel, 2010) e produzem efeitos sobre toda a economia (Kitchin, 1923, p.10). O modelo de flutuações económicas enunciado por Kitchin

[4] Aqui, consideramos *a sequenciação* como sendo uma série de factos, acontecimentos e estados que se apresentam numa determinada ordem, variando no tempo dentro de um sistema.
[5] A noção de *duração* refere-se ao tempo físico, ao tempo percetível.

foi objeto de muitos estudos teóricos posteriores por autores como N. Kondratieff, S. Kuznets e J.A. Schumpeter. O modelo do ciclo económico de Hanau representa outra variante do ciclo económico de Kitchin, mas tem como elemento básico a análise da produção agrícola nos EUA.

O modelo de ciclo económico de Juglar (de 10 a 10 anos): em 1862, aquele que enunciou pela primeira vez a teoria do ciclo económico - o especialista em estatística francês Clement Juglar - identificou oscilações entre 7 e 11 anos ao nível dos investimentos em capital fixo e, implicitamente, ao nível da taxa de emprego no domínio dos investimentos em capital fixo. Investigadores posteriores encontraram a duração do ciclo como sendo de 7-9 anos, avaliada no PIB mundial (Korotayev, Tsirel, 2010). Autores ilustres desenvolveram e reconsideraram, mais tarde, este modelo, entre eles: J.A. Schumpeter, J.R. Hicks, J.M. Keynes, P. Samuelson, A.H. Hansen (ASE, 2000, p. 273).

O modelo do ciclo económico de Kuznets (médio) estabelece um período de 15 a 25 anos para o ciclo económico estudado; o economista Simon Kuznets fundamenta em 1930 a existência de certas ondas na ação do processo demográfico (imigrações - emigrações) e na intensidade das construções. Este modelo é também designado por ciclo económico demográfico ou ciclo económico das construções ou ciclo económico dos investimentos em infra-estruturas.

O modelo do ciclo económico de Kondratieff (longo), também designado por ciclo económico estrutural ou superciclo económico, reflecte a evolução económica a longo prazo com base na análise da eficiência dos factores de produção utilizados durante um período de 45 a 60 anos. Embora um estudo recente do PIB mundial durante um período de 1870 a 2007 mostre que a duração média de um ciclo de Kondratieff é de 52 a 53 anos, até à data existem cinco destes ciclos (Korotayev, Tsirel, 2010). Caracteriza um determinado modelo técnico de produção (qualitativo e dominante) que nos primeiros 20 a 30 anos se generaliza e é utilizado até atingir os seus limites. Nesse momento, ocorre uma diminuição da sua eficiência de utilização, bem como dos seus desempenhos gerados. É então o momento da transição para um novo modo de produção técnica.

O modelo do ciclo económico de Elliott (o grande superciclo) representa a maior flutuação específica do mercado financeiro. Ralph Nelson Elliott ("The wave Principle" - 1938) defendeu que o primeiro grande superciclo económico surgiu no mercado bolsista americano (Dow Jones Industrial Average) e é um dos mais importantes modelos de previsão existentes (Frost, Prechter, 1998, p.19). Parece que este modelo foi reavaliado por outros investigadores (A.J. Frost e R.R. Prechter) que utilizaram dados históricos que descrevem como este grande super ciclo teria ocorrido em 1789 (momento inicial do fornecimento de dados específicos ao mercado bolsista). A ideia de um super ciclo foi apresentada, também, através do modelo de Strauss (50-90 anos) e do *modelo do ciclo da modernidade* (300 anos) - considerado o ciclo único que gera a evolução económica em ciclos de duração diversa. As diferenças entre eles não são apenas temporais, mas também de transformação específica das causas e efeitos que os determinam. Pensa-se que o primeiro superciclo da modernidade representa os fundamentos passados através das formas de cada ciclo componente (Dinu, 2010, SpDAE).

A partir da apresentação dos ciclos económicos, vislumbramos o mesmo mecanismo que percorre cada ciclo económico, as fases de boom e desenvolvimento económico, o ponto limite superior, o decréscimo e o atingir do ponto limite inferior. Aqueles que estudaram, sob diversas formas, estas teorias e modelos de ciclos económicos atribuem termos mais ou menos semelhantes a estas quatro fases ou componentes, respetivamente a fase de expansão ou boom, o aumento, o ponto de fixação, o ponto máximo, a crise, a recessão, a depressão, o decréscimo, o ponto mínimo, a recuperação económica, etc. Isto evidencia uma variedade de abordagens científicas que nos justificam na nossa investigação científica para tentar propor um significado unitário para o conceito de ciclo económico e a sua estrutura.

Visualmente, a estrutura dos ciclos económicos representada pelos modelos simultâneos dos ciclos económicos, acima descritos, dá-nos a imagem de uma espiral. (Gráfico 1.)

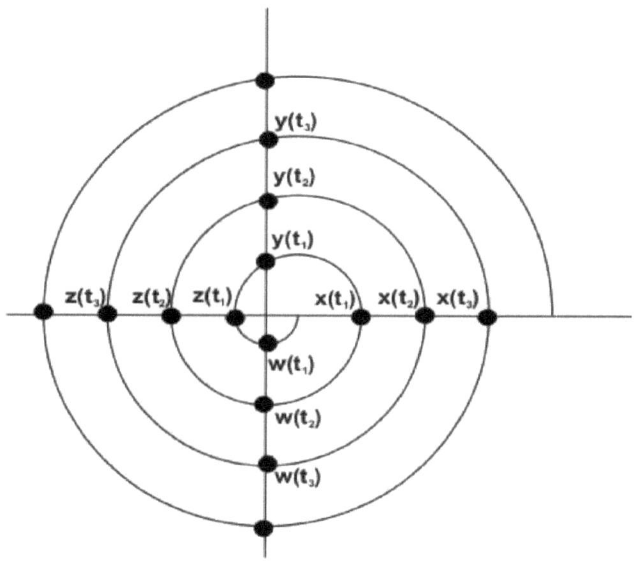

Gráfico 1.1 O modelo do ciclo económico

Verificamos, portanto, que a forma dos ciclos económicos se materializa numa espiral ascendente ou descendente (de acordo com os valores qualitativos e quantitativos associados ao processo económico, implicitamente, das aspirações dos sujeitos económicos).

2. A estrutura causal dos ciclos económicos

Neste subcapítulo, pretendemos delinear a causalidade dos ciclos económicos quer na perspetiva da investigação científica que "tenta" explicar de várias formas porque é que a economia tem uma dinâmica flutuante, quer, também, para justificar o fenómeno da crise.

Do estudo das teorias e dos modelos de ciclos económicos, bem como do estudo de alguns investigadores económicos, resulta que as causas geradoras se evidenciam como sendo singulares, específicas, interdependentes e condicionadas, segundo a intensidade da sua manifestação, pelo seu ponto de partida no domínio económico ou mesmo pelo momento histórico em que ocorreram.

Assim, vamos enfatizar uma hierarquia das principais causas dos ciclos económicos para apresentar, posteriormente, o papel dos ciclos na economia e alguns traços gerais dos mesmos. Consideraremos duas classes principais de causas dos ciclos: a classe das causas particulares e a classe das causas gerais.

A diferença entre as duas classes é a influência do interior ou do exterior do sistema económico real (RES)[6] , mas não do sistema económico completo (CES) (que inclui, para além do sistema económico real, também o sistema económico financeiro: CES=RES+FES).

Causas específicas:

I. causas internas às FER:

A) *considerado importante no século XIX*:

a. *A ação da "mão invisível"* sobre a atividade económica real, na qual os choques da procura e da oferta são automaticamente eliminados através da ação auto-reguladora da economia (A. Smith);

b. *A ação automática de "boom and bust"* que se caracteriza por choques temporários na atividade económica, uma vez que a oferta agregada é igual à procura agregada (J.B. Say). No entanto, foi demonstrado que a lei do "boom and bust" é inválida numa economia monetária, o que significa que os desequilíbrios económicos não absorvem os choques, pelo contrário, tornam-se mais intensos e "cumulativos" (K. Wicksell);

c. (a+b) *contestada através da "falta de harmonia social", respetivamente a distribuição desigual do rendimento* (J.C.L. Sismonde de Sismondi) e através da observação de que a frequência da ocorrência de crises e depressões económicas são uma prova sólida do não funcionamento automático do sistema económico (W.C. Mitchell);

d. *A dimensão do mercado*, considerada demasiado pequena para a produção existente. Se a oferta é maior do que a procura, isso gera uma sobreprodução que vai pressionar a diminuição dos preços dos bens e dos lucros empresariais, depois a redução das transacções e, implicitamente, um bloqueio no circuito do capital. E, finalmente, ocorrerá o declínio dos investimentos, falências, despedimentos (o que significa o aumento do *"exército de reserva"*). No entanto, na economia surgirão elementos que estimularão a inovação e o progresso técnico e, ao fim de algum tempo, a recuperação da economia e, portanto, a redução das "reservas" (K. Marx);

[6] Entendemos por *sistema económico real (SRE)* - o sistema que desenvolve as actividades de produção e de prestação de serviços; também, o circuito - as transformações do resultado destas actividades com base no mecanismo contínuo: investimento-produção/trabalho-remuneração/venda-dinheiro. Entendemos por *sistema económico financeiro (SES)* - o sistema de mediação e de valorização do capital financeiro, desde o domínio bancário, o domínio dos seguros, o domínio do mercado de capitais (primário e secundário), o domínio dos fundos de cobertura, o domínio monetário e dos fundos de investimento, etc. Por conseguinte, entendemos por *sistema económico completo (SCE)* o conjunto interdependente do sistema económico real e do sistema económico financeiro.

B) *gerada pela modificação da procura agregada, sem simultâneo, em ambas as direcções*:

a. *O subconsumo* determinado pela insuficiência da procura em condições de desigualdade na distribuição do rendimento; isto influencia a quantidade de produção e, posteriormente, o aumento do desemprego (Sismondi);

b. *As caraterísticas dos instrumentos de política económica aplicados pelo governo* (inflação, desemprego, rendimento, consumo, investimentos) podem influenciar a trajetória da procura agregada e, implicitamente, as flutuações da economia real (J.M. Keynes), causas contestadas pelos neoclássicos (F.A. Hayek, J. Rueff, M. Friedman, os evolucionistas e outros economistas). Pensa-se que a interdependência das diferenças de valor entre a maioria das variáveis macroeconómicas (produto nacional, investimentos, consumo) se justifica ao longo do tempo pelo processo do acelerador-multiplicador (J. Hicks, P. Samuelson);

c. *O crescimento da população e, implicitamente, da força de trabalho e do PIB* (Kuznets);

C) *gerados pela modificação da oferta agregada, simultaneamente, em ambas as direcções:*

a. *A dinâmica dos investimentos* determina inicialmente um aumento/diminuição da procura de factores de produção e, em seguida, o aumento/diminuição da oferta agregada na economia. Assim, os investimentos de capital (A.A.K. Spiethoff) ou a "destruição criativa" do fundo de investimento (J.A. Schumpeter) ou o sobre-investimento (M. T. Baranowsky) ou a frequente produção desigual de capital fixo (G. Haberler) são apenas alguns aspectos desta subclasse de causas do ciclo;

b. *Desequilíbrio entre produção e distribuição* (W.C. Mitchell);

c. *Os lucros esperados e a prosperidade* representam a motivação para as opções de investimento que podem influenciar a recuperação da atividade económica e também o nascimento gradual de uma crise, mais tarde de uma depressão e, em seguida, de uma nova recuperação e tudo começa de novo (W.C. Mitchell);

d. *A ocorrência de choques entre sectores* (referimo-nos a choques gerados pela interação de diferentes sectores; indústrias ligadas heterogeneamente, choques que podem ser de natureza tecnológica ou não tecnológica). Uma vez ignorados, determinam correlações negativas dos outputs (segundo a teoria do ciclo económico real de Lory e Plosser -1983, 1986, posteriormente analisada por Horvath - 1998, 2000) (Holly, Petrella, 2008);

II. causas externas à RES:

A) *gerados por alterações no processo macro regional e/ou mundial*[7] :

a. *A globalização* que, pelas suas caraterísticas, nomeadamente a abertura das fronteiras comerciais, sociais, políticas e financeiras, contribui para o agravamento das flutuações económicas devido à interdependência dos Estados e/ou dos tipos de mercado;

b. *A integração financeiro-monetária* - através da adoção de políticas de moeda unitária, respetivamente, contribui para a ocorrência de uma inflação reduzida e de uma economia mais estável. Por fim, gera flutuações económicas (aumento e diminuição) mais prolongadas no tempo

[7] Neste caso, os dois processos - globalização e integração - podem ser considerados também causas particulares de transformação das FER, e não apenas das FES, implicitamente das CES.

(tempo físico). Estas afirmações são sustentadas por estudos teóricos (teoria da zona monetária óptima - Eichengreen, 1992 e Bergman, 1999) e empíricos sobre os efeitos da integração monetária da zona euro (Hutchinson, 2002);

c. (a+b) - *o contágio* como caraterística da globalização económica e do processo de integração contribui para a aceleração da velocidade de ocorrência das causas das flutuações económicas;

B) *gerados por modificações na quantidade e na estrutura do FES*:

a. *As modificações especulativas dos preços*, determinadas por mudanças na quantidade de dinheiro em circulação, vão gerar ora recessão, ora boom na economia real (C. Juglar, T. Tooke).[8] O carácter das políticas monetárias (políticas bancárias) - restritivas ou expansionistas - provoca a variação dos preços no mercado em relação direta com a variação do crédito. Um aumento do crédito determinará o aumento dos preços e dos salários que determinará um aumento do luxo que determinará o aumento dos valores nominais e este facto em conjunto com a diminuição das reservas em metal determina a ocorrência de choques na economia real;

b. *O aumento ou a diminuição da oferta de moeda, através do crédito, em relação às necessidades reais da atividade económica real* (F. Machlup). O desequilíbrio monetário, em vez de absorver, tende a agravar espontânea e continuamente as flutuações, uma vez provocadas (J.G.K. Wicksell) (Popescu, 2009, p. 796). Os excessos de moeda no mercado (determinados por emissões excessivas solicitadas pelo Estado ou por emissões excessivas de scrip feitas pelos bancos comerciais) são o ponto de partida das flutuações económicas (J. Hicks). Pensa-se, portanto, que o ciclo económico é puramente monetário (M. Friedman, A. Schwartz, M.N. Rothbard). Na contemporaneidade, ganhou força a ideia de que a política monetária sem fronteiras (White, 2011, p. 503) de natureza expansionista levou à ocorrência da inflação acelerada dos preços dos activos gerando as famosas bolhas especulativas (Posen, 2011, p.461);

c. *Inovação e diversificação dos produtos financeiros utilizados nos mercados de capitais* que representam direta e indiretamente o financiamento e/ou a garantia da economia real. Neste caso, referimo-nos aos créditos subprime que estiveram na base da criação de certos títulos transaccionados, posteriormente, no mercado financeiro (Moshirian, 2011);

d. Resultante de c. - *a opacidade das transacções e/ou funções de certos n produtos e serviços financeiros* em ligação com actividades da economia real. Aqui, mantemos a ideia segundo a qual as inovações financeiras como os instrumentos financeiros garantidos como empréstimos - bancários ou não bancários - ("embalados" simpática e amigavelmente de tantas e diferentes formas, com frequência) determinaram a sua incompreensão por parte dos utilizadores (investidores e vendedores), mas este aspeto teve um significado mínimo enquanto estes títulos estavam a gerar os lucros esperados. A partir do momento em que os títulos deixaram de gerar os lucros esperados, a obsessão de se desfazer deles provocou bloqueios de fluxos de capitais que teriam tido um impacto nas actividades económicas futuras;

e. *outras causas sublinhadas em estudos recentes*: as caraterísticas do mercado bancário -

[8] "A divergência entre o nível a que a especulação conduziu os preços e os níveis a que os rendimentos finais do público podem absorver a produção, representa a origem das crises segundo Tooke". -C. Gide, (Popescu, 2009)

Popov, Ongena, 2011; a influência da estrutura de governação das empresas e das estratégias de gestão do risco - Dolly King, Wen, 2011; as caraterísticas do sistema de reporte de crédito pelos bancos multinacionais - Tsai et al., 2011; as vendas e aquisições forçadas que são relevantes para a crise financeira - Ang, Mauck, 2011; a falha da regulação e supervisão[9] - Caprio et al., 2008 - (Moshirian, 2011);

C) *gerados por aspectos sociais e comportamentais dos sujeitos económicos*:

a. *Comportamento inovador* dos sujeitos económicos de acordo com J.A. Schumpeter. Ele sustentou que a inovação é o fator exógeno de produção que torna cíclica a vida económica - (Popescu, 2009, p. 894);

b. *A "expetativa racional"* (R. Lucas), a alternância entre estados de espírito optimistas e pessimistas (J.I. Mill) ou a "exuberância irracional" (Greenspan, 2008, p. 185) ou o problema de agência[10] que está ligado ao risco moral;

c. *As modificações do ambiente social* em que se insere a atividade económica real (mudanças políticas, mudanças normativas, catástrofes, manchas solares, o clima, etc.);

d. (a+b+c) - *interesses intrínsecos imprevisíveis dos sujeitos económicos*. Consideramos que esta causa é a base para a ocorrência de todas as causas que influenciam as flutuações da atividade económica, de forma mais ou menos consciente. Talvez a menor influência seja exercida sobre aquelas causas que estão relacionadas com os processos naturais do ambiente onde a atividade económica faz sentido, mas mesmo aqui podemos considerar, por exemplo, a influência indireta, através dos efeitos da poluição sobre o clima (uma vez desencadeados, afectam o ambiente económico).

Causas gerais:

- *a complexidade do sistema socioeconómico contemporâneo*. A transformação do sistema sócio-económico no tempo físico e económico - de um sistema simples para um sistema complicado e, depois, para um sistema complexo[11] ou do sistema tradicional para o sistema moderno. Assim, surge a vontade de destacar um novo paradigma dos ciclos económicos e de outros fenómenos e/ou processos económicos no contexto de um sistema complexo; é num sistema aberto em que se desdobra, mais afastado do equilíbrio termo-dinâmico, sensível às condições iniciais e com qualidades auto-organizativas e holísticas (Munteanu, 2011, SpDAE).

---

[9] Pensa-se mesmo que os regulamentos bancários adoptados pelo Comité de Basileia, especialmente Basileia II, podem influenciar significativamente a procura agregada nas economias em que o crédito bancário tem grande importância nas decisões de investimento das empresas. Estas podem produzir efeitos pró-cíclicos sobre as flutuações macroeconómicas (Heid, 2007).

[10] O problema de agência é considerado um problema de risco moral que ocorre quando uma das partes (agências, por exemplo, corretores) actua mais no seu próprio interesse do que no interesse da outra parte (principalmente, o investidor) devido a diferentes vantagens (Mishkin, Eakins, 2012, p. 211).

[11] O sistema complexo é objeto da ciência da complexidade (1987), que se ocupa da utilização de certos conceitos, teorias, métodos e técnicas desenvolvidos na matemática e na física, tais como: a geometria fractal, a teoria dos sistemas dissipativos, a teoria da catástrofe, a teoria da bifurcação, a teoria da sinergia, o caos determinista, os autómatos celulares, a crítica auto-organizadora (Munteanu, 2011, SpDAE).

3. As funções dos ciclos económicos

Partindo do mecanismo de manifestação do ciclo económico, continuando com a análise da dualidade causa-efeito das flutuações económicas, podemos delinear algumas funções dos ciclos económicos que justificarão a sua abordagem teórica e empírica, por um lado, e a abordagem institucional, por outro; esta última representando um marco na construção de estratégias de políticas económicas e financeiras. As principais funções dos ciclos económicos são, na nossa perspetiva, as seguintes:

1. *A função de sinalizar o crescimento e o desenvolvimento da atividade económica.* Aqui, referimo-nos ao facto de que através do crescimento de certas variáveis macroeconómicas - quantitativamente mensuráveis (PIB global, PIB por habitante, a produção de factores de produção, a produção técnica e comunicacional, a produção industrial, a produção de bens de consumo em grande escala para uso a longo prazo, a quantidade de casas construídas e vendidas, o consumo da população, a quantidade de população empregada, a quantidade de empréstimos para investimentos reais, a quantidade de empréstimos para consumo, etc.) são marcadas as fases de recuperação e de crescimento dentro do ciclo económico. Estas significam a ocorrência de prosperidade e de desenvolvimento social e económico;
2. *a função de sinalizar o máximo e o decréscimo da atividade económica.* O decréscimo das mesmas variáveis macroeconómicas acima referidas assinala o máximo atingido na sua evolução (o limite superior fixo do ciclo económico), bem como a modificação da trajetória das variáveis analisadas, em sentido inverso;
3. *a função de sinalizar uma renovação do fundo produtivo - tangível e intangível* - uma vez atingido o limite superior fixado, o ciclo económico pode sinalizar (quer através da procura agregada, quer através da oferta agregada) o facto de o fundo de investimentos ter esgotado os seus recursos (sendo utilizado física e/ou moralmente), e a decisão seguinte poderá ser a adoção de um novo fundo de investimentos atualizado com novas tecnologias, novas necessidades de procura e um novo contexto sócio-económico. Podemos identificar este papel no mapa habitual do ciclo económico na fase de decrescimento e na fase de recuperação económica, mais exatamente no ramo direito do ciclo económico;
4. *a função de sinalizar as correlações entre as variáveis da economia real e da economia nominal (moeda).* Analisando a trajetória do ciclo económico, podemos observar os sinais de correlação entre a economia real e a economia nominal. Por exemplo, quando vamos identificar o crescimento e o desenvolvimento do sistema financeiro (através do aumento da quantidade de instituições bancário-financeiras), o aumento do crédito interno, o aumento da capitalização das empresas cotadas em bolsa, o aumento da inovação financeira;
5. *a função de indução de bem-estar a longo prazo* - é reconhecido o facto de os ciclos económicos induzirem, a longo prazo, o progresso e o desenvolvimento da sociedade em relação ao período de ocorrência do ciclo económico anterior;
6. *a função de "limpeza" automática da atividade económica dos maus investimentos.* A

transição para a fase de recessão determina a falência ou a reorganização estratégica dos investimentos não rentáveis que agravaram o desequilíbrio do sistema económico; aqui, mantemos também a ideia segundo a qual é recomendável mesmo o aprofundamento, tanto quanto possível, da fase de recessão ou de decréscimo da atividade económica (componente do ciclo económico) apenas para a limpeza completa do sistema económico, mesmo com o risco da manifestação simultânea de certos efeitos negativos sociais, de modo a contribuir para um desenvolvimento sustentável[12] do sistema económico.

4. A necessidade dos ciclos económicos

No âmbito desta investigação científica, um dos objectivos é apoiar a hipótese da necessidade dos ciclos económicos na atividade económica. O ponto de partida é marcado por algumas afirmações de carácter motivacional:

a. *A relação entre a causa e o efeito e as funções do ciclo económico* são perceptíveis, sugerindo pragmaticamente o carácter obrigatório;

b. *Representa uma caraterística da atividade económica* - ainda não se conhece, pelo menos até agora, nenhuma atividade económica que não seja cíclica; por isso, consideramos, também neste caso, o carácter obrigatório dos ciclos;

c. *O complexo sistema sócio-económico* que ocorre na realidade implica a gestão dos ciclos económicos a longo prazo e em função de critérios de sustentabilidade. Isto implica, também, na nossa opinião, *o reconhecimento da necessidade da ideia de* ciclos económicos;

d. *O relatório entre componentes (parte, fase, etapa, ponto) - processo que se desenrola entre a crise e os ciclos económicos.* Este é um dos nossos objectivos ao longo de todo o nosso trabalho.

Por conseguinte, o ciclo económico é necessário?

Em primeiro lugar, temos de clarificar o significado do termo *necessidade*. De um ponto de vista lógico, *a necessidade* é a caraterística de um processo, fenómeno, ação que tem um carácter obrigatório, é inevitável, inerente, o processo/fenómeno/ação não pode deixar de existir.

Na verdade, pelo menos intuitivamente, concordamos que o processo económico é necessariamente cíclico, não pode ser de outra forma. Não podemos imaginar como pode ser visualizado e manifestado na realidade de uma forma linear (apenas para cima, fixo ou para baixo), que tenha uma evolução precisamente uniforme. Para sustentar esta ideia, remetemos para os factores determinantes do processo económico. O processo económico é considerado como um efeito da combinação praxiológica entre o sujeito económico e o objeto económico. Assim, a necessidade cíclica do processo económico pode ser sustentada por duas condições lógicas do processo económico: o sujeito económico e o objeto económico.

---

[12] Por sustentabilidade, entendemos aquela caraterística de um determinado processo, fenómeno, sistema de se manter na trajetória desejável (positiva ou negativa), de forma pré-estabelecida e amplamente aceite, por um período de tempo indeterminado e num espaço global de acesso (Dinga, 2009, p.46).

Do ponto de vista do sujeito económico[13], a necessidade cíclica deriva de:

a. Tendo em conta que o sujeito económico é uma entidade com uma existência finita (não eterna, limitada pela duração da sua vida biológica, pelo tempo), o seu comportamento no contexto do ato económico é diferente, varia de acordo com a sua idade, cultura, vida social e moral, etc;

b. Estamos a afirmar que o sujeito económico é uma entidade que tem propósitos e objectivos futuros a atingir (é um ser teleológico); este aspeto contribui para influenciar a trajetória futura do processo económico que será mutilado pelo comportamento económico intencional e pelas decisões do sujeito económico; este pretende atingir os seus objectivos pré-estabelecidos;

c. O sujeito económico, sendo um sujeito social, tem determinados valores ou princípios sociais. Isto atribui imprevisibilidade ao comportamento do sujeito económico. Assim, através do ato económico, o sujeito económico pode gerar uma trajetória, uma velocidade, uma intensidade, certos mínimos ou máximos diferentes do processo económico de um período para outro;

d. O sujeito económico é um ser não individual, é de tipo agregado. Isto significa que o seu próprio comportamento interage com o comportamento de outros sujeitos económicos, criando o sujeito económico agregado. Aqui, dizemos que este comportamento agregado dos sujeitos económicos individuais (com vidas diferentes, propósitos, objectivos e valores diferentes) influencia o "movimento" do processo económico agregado.

Do que discutimos acima (a+b+c+d), conclui-se que, a longo prazo, o processo económico tem necessariamente um carácter cíclico gerado pelas emoções[14] do sujeito económico, oscilando de uma fase para outra (do otimismo para o pessimismo) ao longo do tempo. Por exemplo, num estado otimista, o comportamento do sujeito económico pode influenciar o aumento da procura de bens e da procura de mão de obra, investimentos, poupanças, consumo, etc., e num estado pessimista, o comportamento do sujeito económico pode influenciar, inversamente, as variáveis mencionadas. Esta oscilação de um estado de espírito para outro determina ciclos evolutivos no processo económico.

Das caraterísticas do ponto de vista do objeto económico[15], a necessidade cíclica deriva do seguinte:

a. Tal como o sujeito económico, o objeto económico tem uma "existência finita", sendo considerado uma entidade não regenerável, esgotável no tempo, talvez mesmo no espaço (se pensarmos nos recursos limitados da Terra). Por conseguinte, o processo económico é um processo evolutivo (ora progressivo, ora regressivo); isto atribui-lhe a caraterística de ser um ciclo;

b. O objeto económico é uma entidade substituível (no tempo e no espaço). A consequência deste facto é a permanente inovação do objeto económico, colocado como tendo uma importância

[13] O sujeito económico é o sujeito atuante associado a um ato económico. Por definição, o sujeito económico é a causa integrante do ato económico, contingente, prático, geral, agregado (Dinga, 2009, p. 397).

[14] Neste caso, não nos referimos apenas às emoções estritamente psicológicas, mas também àquelas geradas pelo "conforto" do sujeito económico (financeiro, profissional, social, cultural, de saúde, etc.).

[15] O objeto económico é o objeto sobre o qual se actua, pressupõe a transformação da natureza, da sociedade e do indivíduo para os tornar adequados à natureza humana. Numa perspetiva lógica, o objeto económico tem os seguintes atributos suficientes: é uma espécie com carácter integral, prático, geral e contingente do objeto actuado (Dinga, 2009, p. 400).

antropomórfica, logo após a inovação tecnológica[16] . Assim, o aparecimento de novos objectos económicos (materiais, recursos, formas de energia, etc.) induz-nos à ideia de ciclos evolutivos dentro do processo económico (sobretudo de tipo progressivo, assumindo que estas acções de substituição são substituições de qualidade superior ou estão sujeitas ao processo de "destruição criativa" de Schumpeter.

De acordo com as afirmações acima referidas, defendemos que o processo económico é cíclico, de uma forma necessária, natural (não pode ser de outra forma), numa perspetiva lógica.

5. O lugar da crise nos ciclos económicos

Os argumentos lógicos acima expostos apoiam a ideia da necessidade dos ciclos económicos, pelo que nos é útil situar o fenómeno chamado crise em relação ao processo chamado ciclo económico. Como é sabido pela literatura económica, quer tradicional, quer moderna, a crise é uma fase (uma etapa, um ponto, um momento, uma parte) do ciclo económico. Na maioria das descrições habituais do mecanismo do ciclo económico, o "pico" do ciclo económico é a crise (económica, cambial, monetária, bancária, financeira, soberana, etc.).

Gostaríamos de argumentar que não é necessário que um ciclo económico tenha a componente denominada "crise" e que o fenómeno da crise não é cíclico.

Epistemologicamente, se adoptarmos a abordagem empírica e estudarmos estatisticamente a evolução da economia real, identificaremos os sucessivos ciclos económicos que não são caracterizados pela "crise" do ponto limite. Por isso, pelo menos intuitivamente, diremos que: "a crise não é cíclica" (logo, não necessária, natural, não pode ser caracterizada pela expressão "não pode deixar de existir"). Assim, temos de nos colocar a seguinte questão: se o ponto máximo do ciclo económico não é a crise, então o que poderá ser? Na nossa opinião, este ponto máximo é apenas uma consequência normal (natural, seria de esperar que acontecesse um dia) da alteração da trajetória do processo económico gerada pela interação do sujeito económico com o objeto económico (tendo em consideração todas as combinações possíveis das caraterísticas das duas entidades acima anunciadas).

Mas, se adoptarmos a abordagem de tipo lógico para argumentar que a crise não é cíclica, precisamos de ter como ponto de partida o mecanismo gerador da crise económica e, em seguida, apresentar em pormenor argumentos de causalidade, mecanismo, ajustamento e impacto para o carácter não cíclico da crise no sistema económico.

6. O conceito de ciclos económicos - uma possível nova abordagem

Em economia, o ciclo económico é entendido como flutuações regulares (repetíveis, de um ponto de vista estrutural) do processo económico, quantificáveis no tempo. De acordo com o período de tempo analisado, podemos identificar, como salientámos nos subcapítulos anteriores,

[16] Neste contexto, consideramos a inovação tecnológica a "combinação" entre o comportamento do sujeito económico e a especificidade do objeto económico.

muitos modelos de ciclo económico (curto, de 10 a 10 anos, médio, longo e super ciclo). E, a estrutura do ciclo económico tem, como vimos, três ou quatro fases - a crise, a recessão, a recuperação e o boom ou a expansão, a crise e a recessão (depressão).

Para propor uma possível nova definição para o ciclo económico, consideramos verdadeiras as seguintes premissas: a. A natureza cíclica da economia é um conjunto de ciclos económicos, individuais, não ortodoxos; b. Os ciclos económicos individuais não incluem a fase designada por "crise"; c. A natureza cíclica da economia pode apresentar um domínio de depreciação quando interage com o fenómeno não cíclico da crise; d. A natureza cíclica da economia evolui a longo prazo, estável entre certos limites, podendo induzir sustentabilidade no processo económico.

[17]Se considerarmos verdadeira a hipótese de que a crise não é cíclica, *a economia cíclica pode ser definida como uma qualidade do processo económico que induz a este último uma evolução flutuante, intencional e estável a longo prazo, com tendências sustentáveis.*

[17] Estável por não influenciar a evolução do processo económico através de acontecimentos negativos poderosos que afectariam a curto e médio prazo a amplitude e a intensidade das fases dos ciclos económicos.

CAPÍTULO 2 - A CRISE - UM FENÓMENO NÃO CÍCLICO DA ECONOMIA

Na teoria ortodoxa (tradicional), a crise económica é uma fase específica de cada ciclo económico. Neste capítulo, procuramos argumentar logicamente que o fenómeno "crise" não é cíclico, tendo este, em nossa opinião, um carácter não-cíclico. Para tal, propomos uma apresentação do mecanismo gerador da crise, uma descrição dos aspectos metodológicos para o carácter não cíclico da crise, argumentos de causalidade e de mecanismo, alguns traços para uma nova definição de crise socioeconómica e o perfil das principais classes de crise no sistema socioeconómico.

7. O mecanismo gerador da crise económica

A crise no sistema socioeconómico[18] é considerada como um fenómeno que produz choques (a maior parte deles imprevisíveis) durante períodos regulares de tempo (de acordo com a teoria dos ciclos económicos tradicionais) e que se especifica individualmente tanto através das causas percebidas como dos efeitos gerados. De acordo com a teoria tradicional dos ciclos económicos, a crise é uma fase do ciclo económico que ocorre em todas as formas de organização estrutural das economias comerciais (e talvez na de autoconsumo); estas transformam-se no tempo juntamente com a sociedade. Assim, o mecanismo gerador da crise sócio-económica encontra-se no mecanismo gerador dos ciclos económicos (actuais e anteriores), o que significa que as causas da crise são causas comuns às da evolução das fases dos ciclos económicos (boom, crise, recessão, recuperação, etc.) ou que estas causas se vão formando durante a ocorrência dos ciclos económicos.

No entanto, pensa-se que o fenómeno da crise só pode ser compreendido no contexto de algumas mudanças fundamentais na economia global capitalista durante as últimas três décadas, mais precisamente na transformação da dimensão dos mercados de capitais e na sua importância (Wade, 2008). Mantemos a ideia de que o fenómeno da crise no sistema socioeconómico começa e pode ser explicado no contexto da elevada complexidade atingida no sistema socioeconómico no início da crise.

Na próxima parte, apresentaremos sinteticamente os principais conjuntos de causas identificadas que foram ou tiveram o potencial de iniciar uma crise no sistema socioeconómico.

As doutrinas económicas tradicionais descrevem o facto de *a oposição entre propriedade e trabalho* explicar as crises económicas - J.C.L.S. de Sismondi (o primeiro economista que estudou o fenómeno da crise). Afirmou que estes fenómenos resultariam de *uma má distribuição dos rendimentos*. Os filósofos ingleses, entre eles T. Tooke, consideraram como causa primária *a*

[18] Consideramos que o fenómeno da crise pertence ao sistema socioeconómico, por um lado, porque o económico é uma espécie do social e, por outro, as causas ou os efeitos da crise podem ser de natureza social, stricto sensu. Utilizamos a expressão "crise socioeconómica" para evitar ambiguidades, sobretudo quando utilizamos expressões como crise económica, crise financeira, crise monetária, crise soberana, crise cambial, crise estrutural, crise de 2008, etc. Consideramos todas estas espécies de um género semelhante: a crise do sistema socioeconómico.

emissão de quantidades supérfluas de papel-moeda e o isolamento do papel-moeda das reservas existentes de metal precioso que o garantiam ... "a crise explode quando há demasiadas pessoas que querem vender e ninguém quer comprar", afirmava T. Tooke. C. Juglar considera que *o desenvolvimento excessivo do desconto em simultâneo com a administração das reservas em metal* precede as crises económicas. Explicou que todas as crises são *crises complexas*, que afectam a produção, o comércio e o sistema monetário e que, no fundo, uma crise comercial é sempre uma crise monetária. De acordo com a teoria de W.C. Mitchell, as crises são causadas pelo *desequilíbrio entre a produção e a distribuição*. Com o desenvolvimento do sistema capitalista, tornou-se cada vez mais evidente o desequilíbrio entre o consumo e a produção. Assim, surgiram as crises de sobreprodução, facto também descrito por K. Marx. Para J. M. Keynes, num mercado de trocas capitalista, a procura de bens e serviços não é necessariamente e permanentemente igual à oferta de bens e serviços, e, portanto, esta é confrontada com disfunções devido à natureza das crises. Outro aspeto é que *o empresário schumpeteriano* tem representado um vetor de "desequilíbrio" e de *"destruição criativa"*. Monetaristas como K. Brunner, J. S. Mill, I. Fischer, M. Friedman consideravam que uma política intervencionista (por parte do Estado) constitui um fator perturbador do equilíbrio económico, e a solução passaria pela adoção de uma política monetária adequada; propõem uma teoria quantitativa da moeda. Também P.A. Samuelson afirmava como principal fator da crise *o desequilíbrio temporário e proporcional entre poupança e investimento*, enquanto J.K. Galbraith sustentava que o principal fator se materializava no mau funcionamento da concorrência sistémica (para o sistema de economia de mercado) e na *erosão do poder de compra*, respetivamente da procura efectiva (para o sistema de economia planificada) (Popescu, p. 359, 681, 831, 887, 895, 930, 966, 975, 978). Os adeptos da teoria austríaca (L. Von Mises, J. Huerta de Soto[19] , Moss e Vaughn) culpam *a expansão do crédito*, ou seja, o estímulo e o aumento da procura de dinheiro novo com base na reserva fraccionada em relação à quantidade de depósitos atraídos para o sistema bancário através da venda de novos créditos não cobertos por um aumento natural (voluntário) da poupança, como causa determinante da falta de recursos reais poupados para realizar projectos de investimento demasiado ambiciosos (J.H. De Soto, 2011, p. 391, 411).

A literatura académica recente sublinha o mecanismo gerador da crise no sistema socioeconómico a partir do estudo observacional das crises desde a Grande Depressão até hoje[20] .

---

recursos); 2. o aumento posterior dos preços dos bens determinou, por um lado, o aumento da renda monetária para os proprietários dos fatores de produção originários e, por outro, uma diminuição, a curto e médio prazo, na produção de novos bens e serviços; a estes se soma o aumento da demanda de bens estimulada por lucros artificialmente maiores dos empresários que se desdobram pela expansão do crédito; 3. o aumento relativamente substancial dos lucros contábeis das empresas das etapas mais próximas do consumo final; 4. o efeito Ricardo (tem em vista o emprego de trabalhadores para enfrentar as dificuldades da produção de alimentos e a pressão demográfica. Portanto, a taxa de lucro pode ser zero, e a acumulação também zero. Esta visão pessimista ricardiana foi designada por P.A. Samuelson como o modelo canónico clássico - http://wwww.crispedia.ro/Efectul Ricardo, 2012); 5. o aumento da taxa de juro dos créditos; 6. o aparecimento de perdas contabilísticas nas empresas que operam em fases relativamente mais avançadas do consumo determinando o inevitável início da crise.

[20] Mencionamos as principais crises do sistema capitalista desde o momento da "Quinta-feira Negra": 1929-1933 A Grande Depressão (considerada a mãe de todas as crises posteriores); 1973-1974 A crise do petróleo; 1980-1982 A crise das dívidas soberanas (ou o "choque Volcker"); 1994 A crise na América Latina (México - a crise da tequila, Argentina); 1997 A crise monetária no Sudeste Asiático (Tailândia, Coreia, Malásia, Indonésia); 1998 A crise monetária japonesa e a crise na Rússia, pouco depois a crise no Brasil, 2002 A crise monetária na Argentina e 2007

Uma das causas da crise é também *a operação de garantia governamental explícita e implícita* que leva à adoção de comportamentos de substituição do risco e a preços elevados dos activos (Alle, Gale, 2000). Demirguc - Kunt e Detragiache - 1998 demonstraram que *uma taxa de inflação elevada* representa um dos poucos factores macroeconómicos que predizem com segurança a probabilidade de uma nova crise bancária. Boyd et al. (2002) acrescentaram o facto de as economias que não conseguem reduzir a inflação durante e após uma crise bancária poderem ser confrontadas com a ocorrência de crises posteriores (Boyd, Nicolo, Smith, 2003). Com base em alguma informação "emprestada" das ciências políticas, Haggard - 2000 e MacIntyre - 2003 demonstraram que o mecanismo causal da crise cambial pode ser gerado por eleições políticas e pela adesão a um determinado partido que pode bloquear os esforços de melhoria dos fundamentos económicos (por exemplo, a influência dos custos e benefícios na sustentação da moeda nacional gerou a crise na Ásia em 1997) ou pode estimular a incompatibilidade entre a evolução de certas variáveis macroeconómicas e uma taxa de câmbio fixa ou estável - Krugman - 1979. A ideia é reforçada também por Roubini e Sachs - 1989 e Alesina e Drazen - 1991 que, através das suas investigações, têm sustentado que as instituições políticas influenciam as políticas fiscais e monetárias (sabendo-se que estas representam os canais fáceis de gerar crises). Além disso, um governo fragmentado e as suas actividades podem afetar *as expectativas dos investidores* e, assim, gerar a crise (Leblang, Satyanah, 2006).

Para as fases iniciais da crise, são invocados factores como *a liberalização financeira e a inovação, o boom de preços dos activos* (especialmente acções e imobiliário) e o aumento da incerteza no mercado corroborado pela *teoria da agência*[21] . Assim, produz-se o mecanismo gerador da crise onde um aumento da assimetria nos dados leva à ocorrência de uma perturbação no sistema financeiro tornando-se incapaz de canalizar eficientemente fundos para aqueles que poupam para as famílias e empresas com oportunidades de investimentos produtivos (Mishkin, 1997, 2012 - p.204). Muitos investigadores, decisores, jornalistas e outros culpam *o desenvolvimento e o fracasso do mercado hipotecário subprime* (o mercado de crédito subprime[22] *) e a má alocação de investimentos* (causada pela assimetria informacional) pelo início da recente crise global, no entanto muitos analistas questionam-se como é que um mercado com estas dimensões de tempo e espaço, tão reduzidas, pode causar efeitos tão negativos, a nível global. A resposta dada evidencia *o traço*

A crise financeira mundial.

[21] A teoria da Agência representa o método de análise para os problemas causados pela assimetria informacional geradora de seleção contrária que, após a concretização das transacções, conduz ao risco moral (Mishkin,2012, p.204).

[22] O mercado de crédito subprime representa o mercado que transacciona títulos baseados em hipotecas subprime. O termo "subprime" refere-se geralmente a um empréstimo (hipotecário, automóvel, etc.) que é classificado como sendo mais arriscado do que um crédito "normal" (prime) pelo mutuário. É considerado mais arriscado com base nos dados associados a este empréstimo, a probabilidade de não pagamento é muito maior. A partir da literatura económica, descobrimos mais definições do termo subprime:1. Um empréstimo concedido a um devedor a quem foi atribuída uma baixa pontuação de crédito e/ou um historial de não pagamento ou falência e/ou um historial de baixo emprego; 2. Um empréstimo concedido por credores especializados em produtos de crédito de elevado custo e a aprovação de empréstimos a empresas pelo Estado (embora nem todos os empréstimos de elevado custo sejam considerados subprime); 3. um empréstimo considerado como componente de um título é do tipo subprime; 4. hipotecas (por exemplo, as hipotecas híbridas) que geralmente não fazem parte do mercado de crédito prime (Demyanyk, Hasan, 2010).

de complexidade deste mercado que transacciona títulos sofisticados como os títulos baseados em hipotecas subprime[23] , respetivamente instrumentos negociáveis garantidos com hipotecas sensíveis (especialmente subprime) (Demyanyk, Hasan, 2010). Uma grande parte dos estudos empíricos conclui que a acumulação de *booms dos sectores macroeconómicos* gerou a crise e levou à formação das famosas bolhas de activos - Caprio et al., 2008.

Outras causas invocadas para a crise nos estudos económicos seriam, por exemplo, a *ganância e os mercados desregulados* (Stiglitz) que determinam abusos e manipulações, "a exuberância irracional" (Greenspan,2008, p.85), a falta ou a deterioração da administração das empresas, a teoria "too big to fail" ou as iniquidades sociais que levam à criação do socialismo corporativo e a crises sociais - Fisher, 2011 e Saez - 2009, 2011 ou por causa da *distribuição dos recursos limitados e do poder*. A estes, podemos acrescentar a *atribuição de prémios injustificados aos actores do mercado*, as guerras (como a do Afeganistão ou a do Iraque) correlacionadas com *falhas precipitadas dos mercados-chave* (mercado de bens, mercado de crédito subprime, mercado de capitais, etc.) (Shahrokhi, 2011).

O professor de economia política da London School of Economics, Robert Wade (vencedor do Prémio Leontieff para o Avanço das Fronteiras do Pensamento Económico, 2008), apontou seis causas principais para a crise, às quais se junta a intensificação geral da fragilidade financeira mundial:

1. a alteração da estrutura do sistema financeiro americano, incluindo a transição da banca tradicional para a banca de "originação e distribuição";
2. um regime de regulamentação frágil e fragmentado;
3. as políticas macroeconómicas específicas dos EUA, a questão das ondas de dinheiro do Fed em resultado do crash do mercado dot.com no final dos anos 90 e início de 2000;
4. a intensificação do crédito global em simultâneo com a redução das pressões inflacionistas nos preços de consumo;
5. a interação perversa entre os mercados financeiros e os mercados cambiais;
6. uma estrutura de regulação do sistema financeiro mundial demasiado complicada e ineficaz.
7. As últimas três causas são consequências do processo de globalização financeira e do regime financeiro internacional (Wade, 2008).

De acordo com o relatório da Comissão de Inquérito Financeiro dos EUA, publicado em 2010, podemos delinear um conjunto sintético das principais causas da crise financeira. Desta forma,

---

[23] Os títulos baseados em hipotecas subprime são instrumentos financeiros que podem ser transaccionados e foram criados através da combinação de muitos outros créditos subprime individuais e, em seguida, fragmentados e reagrupados de modo a gerar instrumentos negociáveis mais complexos. De facto, estes foram criados através de um processo de securitização (Demyanyk, Hasan, 2010).

[23] Os sistemas de alerta precoce (SAR) são modelos de previsão, geralmente de crises bancárias, com base em avaliações de tipo financeiro-económico em grande escala - Demirguc - Kunt, Detragiache, 2005, tipo sinal de extração - Kaminsky, Reinhardt, 1999, Borio, Lowe, 2002, Borio, Drehmann, 2009, tipo sistema binário frequentemente repetido - Duttagupta, Cashin, 2008, Karim, 2008, Davis, Karim, 2008. O traço comum destes modelos é a sua dependência dos sectores transversais das economias heterogéneas e um conjunto comum de variáveis explicativas apresentadas como razões para as crises bancárias (Barell, Davis, Karim, Liadze, 2010). Os métodos que utilizam estes modelos/ instrumentos são designados por Métodos de Alerta Precoce.

foram identificadas 25 causas (Shahrokhi, 2011): 1. a aprovação imprudente de créditos hipotecários; 2. a criação de bolhas imobiliárias; 3. o desequilíbrio global; 4. o processo de securitização; 5. a falta de transparência e responsabilidade no processo de financiamento hipotecário; 6. deficiências das agências de rating; 7. diferenças e/ou deficiências do sistema contabilístico de um mercado para outro; 8. Alternativas ao crédito bancário ("a sombra" do sistema bancário); 9. Decisão de não cobrar aos bancos; 10. Índices financeiros fora do balanço; 11. Crédito subprime mandatado pelo governo; 12. Falhas nos sistemas de gestão de risco; 13. A inovação financeira; 14. A complexidade; 15. A fragilidade humana; 16. A utilização de modelos computorizados inadequados; 17. O endividamento excessivo dos devedores e o elevado nível de mediação de crédito por parte dos bancos (alavancagem excessiva); 18. O afrouxamento da regulamentação específica do crédito; 19. Os credit default swaps; 20. Derivados de balcão; 21. Regulação fragmentada; 22. Falta de autoridades reguladoras específicas para o risco sistémico; 23. Incentivos/bónus oferecidos a curto prazo; 24. Riscos colaterais para o sistema financeiro; 25. Ocorrência de vários fenómenos como na teoria do Cisne Negro (Shahrokhi, 2011).

Como se depreende da enumeração concisa das causas tradicionais e contemporâneas específicas das crises do sistema socioeconómico, os factores determinantes materializam-se sob formas e interdependências diversas, apontando o verdadeiro carácter das perspectivas científicas plurais acima apresentadas. A mesma ideia é mantida também pelos técnicos investigadores no terreno através dos quais foram propostos e construídos diversos instrumentos de identificação, estatísticos e matemáticos (desde os econométricos e operacionais), descrição, previsão e/ou resolução destes fenómenos. Para uma relevância mais qualitativa, recomenda-se uma abordagem interdisciplinar na construção deste tipo de instrumentos, pelo facto de este tipo de modelos, que não são utilizados isoladamente, terem provado a incapacidade de prever com exatidão as crises financeiras. Assim, propõe-se a utilização de sistemas de inteligência híbridos, que combinam uma série de técnicas individuais. Em princípio, estes sistemas revêem - técnica e operacionalmente - os métodos dos sistemas de alerta precoce (Early Warnings Systems - EWS)23 . A eficiência de tais sistemas contribui para apoiar algumas decisões melhoradas para as autoridades de decisão, por um lado, e para os analistas e investigadores, por outro (Demyanyk, Hasan, 2009). Um instrumento como o EWS foi construído e utilizado até pelo FMI para identificar crises financeiras nas últimas décadas. Uma alternativa a estes modelos foi a proposta de um índice de pressão do mercado monetário. A proposta baseou-se em ideias apresentadas nos trabalhos de Eichengreen, Rose, Wyplosz - 1995, 1996 e foi utilizada para identificar factores empíricos relevantes para as crises bancárias em 47 países desde 1980 até 2001 (von Hagen, Ho, 2007).

Na mesma direção de identificação das crises bancárias, outros autores construíram o chamado "modelo canónico" de avaliação fundamentado na análise de quatro variáveis macroeconómicas: o PIB real, a inflação, a volatilidade da taxa de câmbio e a liberalização financeira. O ponto de partida deste modelo é a literatura teórica relativa a três aspectos que geram disfunções no sistema bancário (Hutchinson, 2002): 1. o bank-run e a crise de liquidez anunciada por Diamond e Dybvig em 1983, delineando fatores "não-fundamentais", equilíbrios múltiplos e a possibilidade de mudança de expetativa das partes envolvidas no mercado; 2. os choques adversos ou o canal do crédito enunciados por Bernanke, Gertler e Gilchrist - 1992 e Gelchrist - 1992 gerados pela ocorrência de choques económicos adversos, assimetria de informação entre devedores e credores e, finalmente, o colapso dos preços dos activos que conduzem à crise de crédito e a vários episódios de problemas bancários; 3. o risco moral (o chamado capitalismo de rede).

A acumulação de causas e as suas interdependências, bem como o ambiente em que estas actuam, determinam a "explosão", "o rebentamento", a "turbulência", o "acontecimento inicial", o "choque", o "pânico e o medo", "fazer coisas irracionais", mais tarde a "intervenção" (pública e privada), a "solução" e, no final, a "expetativa"... Tudo isto cria a imagem viva da crise tal como é vista pelos sujeitos económicos.

A publicação de alguns acontecimentos mais ou menos esperados, como, por exemplo, fusões e/ou aquisições súbitas entre várias instituições financeiras, a descida súbita e significativa dos preços dos activos (títulos do mercado de capitais, cotados na bolsa e/ou preços de imóveis), a interrupção inesperada dos pagamentos dos seus próprios depositantes junto de um banco, bloqueios invulgares do financiamento no mercado interbancário, intervenções súbitas das autoridades monetárias no mercado cambial (do ponto de vista temporal e/ou quantitativo), transacções invulgares no mercado bolsista (especialmente do ponto de vista da quantidade de vendas durante um período de tempo muito curto), a falência de certas instituições financeiras e não financeiras de importância sistémica, a depreciação da moeda nacional, guerras, fenómenos meteorológicos inesperados ou qualquer outro acontecimento que possa causar turbulências e incerteza no circuito eficiente dos fluxos de capital podem, muito provavelmente, anunciar ou mostrar o início da crise. Nesta situação, cada sujeito económico - individual ou coletivamente, institucionalmente e não institucionalmente - adoptará rapidamente posições mais ou menos racionais para defender o seu próprio interesse (geralmente para se proteger ou para diminuir o mais possível os efeitos da crise; estes efeitos podem influenciar o valor dos bens materiais e imateriais de que são proprietários). A maioria dos sujeitos económicos não o pode fazer individualmente devido ao rápido efeito de influência do sistema mundial através dos efeitos da crise, sendo a decisão dos sujeitos económicos institucionais (governos, bancos centrais, autoridades de regulação e supervisão, multinacionais - como o FMI, o Banco Mundial, o Banco de Pagamentos Internacionais, etc.) de cumprir este aspeto. Como consequência, as instituições centrais anunciam várias medidas adoptadas com urgência - planos de resgate, garantias, empréstimos, emissões monetárias, fusões[24] - de modo a mitigar o estado de pânico e incerteza e a abrandar a propagação dos efeitos devastadores sobre a estabilidade dos sistemas socioeconómicos.

Tendo em conta todos estes aspectos e uma vez que todas as crises provocam danos

[24] Estas intervenções podem ser enganadoras por, pelo menos, três razões: 1. podem ocorrer na ausência do início da crise (podem representar, de facto, a solução para um problema estrutural no sistema bancário, persistente no tempo e complicado); 2. a decisão de fazer essa intervenção particular é suficientemente significativa para ser considerada específica de uma crise e não apenas uma intervenção individual que implica um julgamento subjetivo; 3. em regra, as intervenções institucionais (políticas) ocorrem quando a crise já se desenvolveu completamente (von Hagen, Ho, 2007).

significativos no bem-estar humano, analistas, investigadores, autoridades propõem e/ou aplicam soluções para mitigar e/ou aumentar os efeitos devastadores das crises. Numa perspetiva histórica, as soluções adoptadas foram diversificadas em função da espécie de crise, classificada pelas autoridades como crise de subprodução, crise de sobreprodução, crise de recursos, crise monetária, crise cambial, crise de liquidez, crise bancária, crise económica, crise financeira, crise de dívida, crise bolsista, etc.

As propostas mais frequentes (Bordo, Jeanne - 2002, Borio, Lowe - 2002, Borio, White - 2003, Cecchetti, Genbers e Wadhwani - 2002, Roubini - 2006, White - 2006, 2009) defendem a ideia de endurecimento da política monetária, como precaução, para evitar a criação de bolhas especulativas, ou seja, a adoção da política de "blowing in the wind". No entanto, o sucesso da política monetária "blowing in the wind" depende de três hipóteses testadas empiricamente (Posen, 2011, p. 461): 1. a capacidade das autoridades identificarem as bolhas especulativas em tempo real a partir da análise das flutuações dos preços dos ativos antes que seja tarde demais; isto é muito difícil de conseguir pelas autoridades especialmente se não implementaram tal estratégia anteriormente; 2. os instrumentos de política monetária ao dispor dos bancos centrais influenciam o nível dos preços dos ativos de forma viável; 3. a crença de que vale realmente a pena prever a formação de bolhas especulativas, apesar dos custos potenciais gerados pela diminuição dos outputs e pelo aumento do ambiente económico volátil, adotando esta política. Simultaneamente a este tipo de política monetária, seria também conveniente adotar estabilizadores automáticos através da tributação das variáveis cíclicas do tipo transacções imobiliárias, em substituição de uma política monetária e não monetária discricionária. Propõe-se a definição do papel da utilização do SAR, através do qual podem ser identificados sinais para a maioria dos episódios de crise financeira. Estes podem ajudar as autoridades a identificar os riscos pelos quais uma fase de expansão pode ser transformada numa fase maligna (Bunda, Zorzi, 2009).

Algumas opiniões (Caprio et al., 2008) consideram boa a identificação de um mecanismo para a interação eficiente entre os governos e as instituições de regulação através de um vasto leque de reformas - reforma da política de crédito, reforma das agências de rating, e reforma da securitização - para além destas, o restabelecimento da regulação e supervisão financeira são importantes. Diamond e Rajan - 2009 adiantam que as autoridades devem assegurar a estabilidade do sistema financeiro através da recapitalização dos bancos que têm canais reais de se salvar e através de operações de fusão ou liquidação daqueles que não podem ser salvos (Demyanyk, Hasan, 2009). E depois, quando está ausente ou não é aplicável a opção pelo mutuário de última instância, deve funcionar e ser criado um sistema de garantias para os depósitos juntamente com o estabelecimento de regulamentos no domínio (Boyd, Nicolo, Smith, 2003). Ao mesmo tempo, é importante assegurar a transparência das transacções com títulos baseados em hipotecas (MBS) por parte dos investidores, dos corretores de seguros e das agências de notação que os avaliam - Hunter, 2008. Assim, é importante o desenvolvimento de uma avaliação do risco sistémico da contraoferta, a partir do interior do sistema financeiro. Propõe-se ainda o reconhecimento do papel e a implementação do pânico sistémico que pressupõe a adoção de decisões em mais etapas: 1.

isolamento imediato; 2. adoção de soluções a longo prazo; 3. reformas estruturais. A curto prazo, a restauração da confiança é muito importante e, a longo prazo, dentro do sistema financeiro, o interesse privado e o interesse público devem encontrar-se, sem impostos e subsídios para riscos privados (Demyanyk, Hasan, 2009).

Uma posição mais radical (White, 2011, p. 503) propõe a adoção de um sistema monetário que se auto-regula, como seria um sistema baseado no padrão-ouro, sem a existência de um banco central que minimizaria os choques monetários (White, 2011, p. 503).

Tendo como ponto de partida *o mecanismo gerador da crise* no sistema socioeconómico, avaliado na perspetiva dos principais aspectos teóricos e práticos - causas, canais de transmissão, efeitos e possíveis soluções, pretendemos discutir nos próximos subcapítulos os argumentos mais importantes, por nós considerados relevantes, para sublinhar o carácter não cíclico da crise.

8. Aspectos metodológicos relativos ao carácter não cíclico da crise económica

De um modo geral, o carácter não-cíclico da crise pode ser argumentado analogicamente a partir da caraterística de necessidade dos processos económicos cíclicos (como mostrámos no capítulo anterior - os ciclos necessários = os ciclos são obrigatórios, inevitáveis, inerentes[25] , não podem deixar de existir). Logicamente, poderíamos dizer que a crise não cíclica= crise não necessária= não obrigatória, não inevitável, não inerente, não pode deixar de existir. Ou seja, a crise não cíclica é uma crise não necessária, não obrigatória (opcional), evitável, não inerente, não pode deixar de existir. Utilizando símbolos, o raciocínio é enunciado com base no seguinte relato entre os termos.

Consideramos:

"O ciclo económico é necessário"= *CeN*

- Então, "o ciclo económico necessário" é:
  - o obrigatório = O;
  - o inevitável = Unv;
  - o inerente = Inr;
  - o não pode deixar de existir = p ;A̶
- o próximo relatório entre os termos segue: *CeN* = (O) и (Unv) ‿ (Inr) o (p)A̶

"A crise do sistema económico-social não é necessária" = $\mathrm{Cr}_{se}N$

- então a crise não necessária no sistema socioeconómico é:
  - o não obrigatório = facultativo = O;
  - o não evitável = evitável = A;
  - o não inerente = extrínseco[26] = Ex;
  - o não - não pode deixar de existir = não pode existir (a possibilidade de não existir) = p

[25] Neste contexto, consideramos o atributo *inerente* como uma componente de algo que constitui um elemento indissociável de uma coisa ou de um ser; pertence naturalmente a algo, é intrínseco a uma coisa/fenómeno/processo, está, por natureza, ligado a algo.

[26] Consideramos que inerente = intrínseco e diferente de extrínseco a algo.

3;

- Portanto, segue-se a próxima relação entre os termos: $Cr_{se}N = (O) \smile (A) \smile (Ex) \smile (p\not{A})$

Consequentemente, de um ponto de vista lógico, consideramos que os argumentos de crise não cíclicos (causalidade, mecanismo, ajustamento e impacto) devem ter os predicados suficientes de opcional, evitável, extrínseco, a possibilidade de inexistência.

9. O argumento da causalidade sobre o carácter não cíclico da crise do sistema socioeconómico

Muitas das ideias, teorias e hipóteses tradicionais sobre as causas dos ciclos económicos que sustentam o argumento da fase de desenvolvimento de qualquer ciclo económico até à crise e as que se referem explicitamente às causas da crise (económica, financeira, etc.) apresentadas nos subcapítulos anteriores ajudam-nos a delinear o carácter não cíclico da crise do sistema socioeconómico.

Assim, estabelecemos como causas dentro do sistema sócio-económico aqueles tipos de causas que não nos induzem o carácter cíclico do fenómeno da crise, não têm a caraterística de ser uma regra na sua ocorrência temporal, mas sim uma imprevisibilidade. Estas podem ser consideradas como *conjuntos* no tempo e no espaço de certos actos económicos e não económicos que dependem uns dos outros e que, em relação às qualidades dos factores determinantes dos ciclos económicos (sujeito económico e objeto económico), contribuem para o aparecimento claro da crise.

Consideramos como *colecções* as seguintes classes de causas da crise não cíclica: causas comuns e causas específicas (Quadro 9.1.).

As causas comuns (em relação aos ciclos económicos) dependem sobretudo do objeto económico :[27]

- a deterioração agravada da oferta agregada na economia real é causa de crise quando, a longo prazo, determina a ausência generalizada de bens no mercado real em consequência de certas contradições negativas entre os recursos dos factores de produção e as capacidades de investimento dos produtores; um exemplo pode ser a crise da subprodução do século passado;
- a deterioração agravada da procura agregada na economia real é causa de crise quando, a longo prazo, determina a diminuição generalizada das aquisições reais de bens e serviços, em consequência da deterioração das necessidades e dos recursos monetários dos consumidores; por exemplo, as crises de sobreprodução

[27] Na situação em que estas causas comuns não ocorram como cobranças em períodos de tempo mais longos (pelo menos 2 ciclos económicos) e não se agravem, então provavelmente não iniciarão uma crise, mas, no pior dos casos, iniciarão pontos-limite superiores de retorno dentro dos ciclos económicos.

Causes ($Cr_{se}\overline{N}$)	**(O)**	**(A)**	**(Ex)**	**($p\nexists$)**
The aggravated deterioration of aggregate supply in real economy	Yes	Yes	-	Yes
The aggravated deterioration of aggregate demand in real economy	Yes	Yes	-	Yes
Complexity	Yes	Yes	Yes	Yes
The intentionality of the economic subject	Yes	Yes	Yes	Yes
The EALS action	Yes	Yes	Yes	Yes
The financial intelligence	Yes	Yes	Yes	Yes

Quadro 9.1 Avaliação das causas do carácter não cíclico da crise

As causas específicas (do fenómeno de crise):

- *complexidade* - o sistema sócio-económico torna-se cada vez mais complexo devido ao tempo irreversível, tanto do ponto de vista da estrutura, da quantidade de partes componentes, das interações entre estas componentes líquidas, como do ponto de vista da intensidade das mudanças dentro do sistema sócio-económico durante o tempo; isto pode ser considerado o conteúdo da ação para outras causas específicas da crise; Além disso, a complexidade traz sempre o elemento de surpresa em relação ao qual os sujeitos económicos podem experimentar uma atitude inconsciente e, em seguida, a impossibilidade de ação em relação a um novo padrão; cada crise iniciada foi caracterizada por uma certa espécie de complexidade para o tempo histórico em que aconteceu; a complexidade é o ambiente em que foram criados: 1. as inovações financeiras; 2. o processo de securitização; 3. os mercados não regulados; 4 as deficiências, a fragilidade e a fragmentação dos sistemas de regulação e supervisão do mercado; 5. a liberalização financeira, a abertura e o desenvolvimento contínuo de certas economias de mercado; 6. O modelo bancário "originar e distribuir"; 7. O desequilíbrio mundial; 8. A opacidade das operações de crédito; 9. A "sombra" dos sistemas bancários; 10. O fracasso da gestão de riscos; 11. A ocorrência de riscos colaterais no sistema financeiro, etc;
- *intencionalidade*[28] *do sujeito económico*; sabendo que o sujeito económico é uma entidade dotada de propósitos, valores, princípios, consideramos que a "intenção" individual influencia a acumulação e a ocorrência de eventos imprevisíveis. Aqui, referimos a teoria da Agência que através das suas componentes - assimetria de informação, seleção oposta, risco moral - cria o ambiente onde o sujeito económico cumpre os seus propósitos de acordo com a sua própria intenção. É ainda com base na intenção que se criam as bolhas de activos. Através da agregação da

[28] Aqui, entendemos por intenção o carácter de ser propositado, deliberado.

intenção individual, corroborada pela "exuberância irracional" de A. Greenspan e pela "ganância" de Stiglietz, cria-se o ambiente de acumulação para as bolhas especulativas. Especificamos aqui também que a intencionalidade atribui a caraterística de imprevisibilidade ao comportamento do sujeito económico, o que reforça a ideia da ocorrência de uma crise não cíclica;

- *os atos das organizações económicas*[29] como uma espécie para o Sistema Lógico Vivo[30] que é como um Sistema Lógico Vivo Económico (EALS) (Bratian, 2012, p. 48).

Para além destas três causas por nós tidas em conta - a complexidade, a intenção do sujeito económico e os actos EALS -, consideramos importante uma outra causa específica:

- *a inteligência financeira*[31] : em nossa opinião, ela pressupõe a posse e a utilização eficaz de um conjunto de conhecimentos financeiros específicos ao nível de desenvolvimento do sistema financeiro, a fim de diminuir a tomada excessiva de riscos. Pensamos que a falta ou a incoerência da inteligência financeira agrava os problemas de assimetria de informação e, em seguida, a tomada excessiva de riscos, o que amplia mais tarde a questão do risco moral. Em nossa opinião, a inteligência financeira deve ser consciencializada e actualizada continuamente com o ambiente em constante mudança. É necessário que os actores socioeconómicos, ou seja, os sujeitos económicos individuais (consumidores e investidores e os EALS - financeiros e não financeiros) se apercebam da importância do desenvolvimento e, por vezes, do reforço deste atributo para diminuir a acumulação de riscos individuais que podem gerar a acumulação de riscos sistémicos e, finalmente, o início de turbulências - a crise.

Finalmente, recorrendo ao que apresentámos no subcapítulo 8, podemos avaliar estas causas na perspetiva dos atributos da crise não cíclica, como podemos ver no Quadro 9.1, apresentado acima.

10. O argumento do mecanicismo sobre o carácter não cíclico da crise socioeconómica

A captação do mecanismo não cíclico da crise pressupõe a transposição das "formas" através das quais as causas não cíclicas iniciam a crise.

O ponto de partida das causas da crise, o seu desenvolvimento (através da acumulação, multiplicação e interdependência) pode criar o mecanismo de desencadeamento da crise socioeconómica. Este mecanismo actua na rede interdependente entre a economia real e a economia financeira, através da qual existem fluxos contínuos de capital (fluxos financeiros - autónomos e não autónomos[32]) gerados pela intenção dos sujeitos económicos individuais e pelos Sistemas

[29] A organização está inserida num sistema institucional; no seu interior existe, pelo menos, um sujeito cultural, entre os elementos que a compõem existem relações de tipo não mercantil, e o objetivo é específico e endógeno (Bratian, 2012, p.11).

[30] O Sistema Lógico Vivo (SLA) é um sistema que tem um carácter dissipativo, capacidade autocriativa, autogerativa, autorregenerativa, auto-organizadora, autorreprodutiva, não linear (não permite previsões uma vez que as previsões excluem novos elementos) e invariável na complexidade total (Dinga, 2009, p. 379). Assim, toda a organização que pratica, maioritariamente, actos económicos: empresas financeiras e não financeiras.

[31] No domínio das finanças, surge o termo "educação financeira", ao qual certos bancos comerciais e bancos centrais dedicaram uma atenção especial desde o início da crise de 2007-2009. Foram propostos vários programas: programas de educação financeira (seminários, aplicações electrónicas) através dos quais o consumidor de produtos e serviços bancários acumula conhecimentos mínimos sobre as particularidades, os mecanismos e os principais riscos dos principais produtos e serviços bancário-financeiros. No entanto, para além da fase inicial em que estes programas são práticos, consideramos a *educação financeira* apenas uma componente da *inteligência financeira*.

[32] Consideramos os fluxos financeiros não autónomos - fluxos puramente financeiros com o papel de contraproposta aos

Lógicos Vivos Económicos (através dos sujeitos culturais[33] de que dispõem) e que são "movidos" em qualquer direção em relação à complexidade do: elemento psicológico - a Teoria da Agência; o elemento surpresa: um acontecimento ou as turbulências; o efeito condutor da complexidade: o efeito de influência e o efeito borboleta.

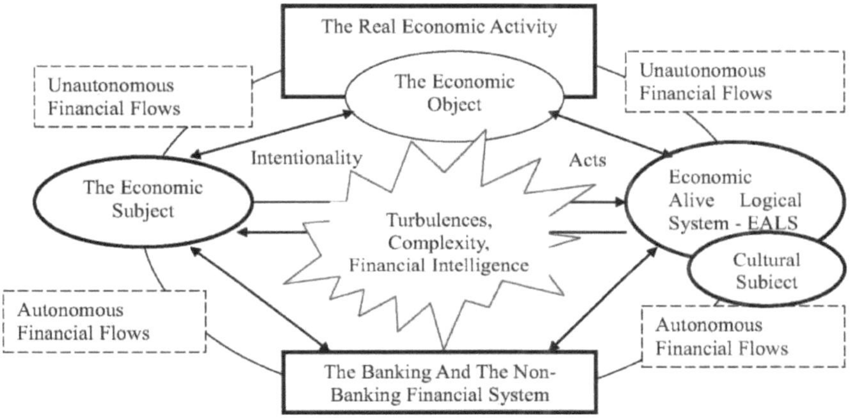

Gráfico 2.1 O mecanismo do carácter não cíclico da crise

Verificamos que dois dos canais do mecanismo da crise não cíclica foram mencionados também na categoria das causas do carácter não cíclico da crise. Pensamos que, por exemplo, o elemento da complexidade também pode ser ambiente, causa, vetor e efeito da crise não cíclica através de várias componentes ou estados. Por outro lado, o trinómio - assimetria de informação, seleção adversa e risco moral - é considerado em muitos trabalhos académicos como causa da crise, mas defendemos que este desempenha também o papel de "meio" através do qual os actores do sistema sócio-económico (os sujeitos económicos e os Sistemas Lógicos Vivos Económicos - SLEs) manifestam a sua intencionalidade.

Na parte seguinte, debateremos a forma como os elementos do mecanismo de crise atribuem à crise um carácter não cíclico.

No sistema económico-social, em especial no mercado financeiro, uma das partes possíveis numa transação, raramente, não dispõe de informação completa e/ou verdadeira sobre a outra parte na transação. Assim, cria-se uma desigualdade de informação (relativamente aos fluxos financeiros futuros gerados pela possível transação e relativamente aos riscos associados); a isto chama-se

fluxos reais, sem qualquer ligação intermédia entre eles. Os fluxos financeiros autónomos (FFA) são fluxos financeiros que se transformam em fluxos reais através de, pelo menos, um intermediário. Podemos dizer que os fluxos reais são causa efficiens para os fluxos financeiros não autónomos e causa finalis para os fluxos financeiros autónomos (Dinga, 2009, p. 215).

[33] O sujeito cultural designa um sistema vivo que tem consciência, sendo capaz de ter representações. Neste caso, estamos a falar de finalidade como uma espécie de representação do sujeito cultural, tal como a intenção na perspetiva de Husserl (Bratian,2012, p. 14).

assimetria de informação. Em relação aos diferentes timings no desenvolvimento da situação, a assimetria de informação cria problemas em dois momentos: antes do fecho da transação, que se designa por seleção adversa[34] e após a transação, que se designa por risco moral[35] (Mishkin, Eakins, 2012, p.65). Além disso, o risco moral representa qualquer situação em que uma pessoa decide o nível de risco a assumir nas condições em que outra pessoa suporta os custos se os riscos se concretizarem (BCE, 2010, p. 136). Pensa-se que o dinheiro emprestado é inerentemente suscetível de gerar problemas de risco moral (Krugman, 2009, p. 73). Assim, as garantias governamentais e a fraqueza dos políticos na regulação e supervisão podem levar a uma assunção excessiva de riscos tanto por parte dos devedores como dos credores[36] (incluindo activos e passivos internos e externos) (Hutchinson, 2002). A ideia é que os problemas de risco moral existirão enquanto existirem os corretores de seguros ou outra parte que cubra as eventuais perdas geradas pelo risco moral (indiretamente o contribuinte). As soluções para diminuir os problemas de risco moral poderiam ser: 1. verificação mais rigorosa da capacidade de pagamento do crédito; 2. imposição de restrições quanto ao destino do dinheiro emprestado (de modo a evitar ao máximo os maus investimentos); 3. partilha do risco entre o devedor e o credor (por exemplo, a obrigação de pagamentos antecipados ou de garantias). Os problemas de seleção contrária e de risco moral representam um importante obstáculo ao funcionamento eficiente dos mercados financeiros (por isso, são considerados uma causa determinante da crise não cíclica e não podem ser mitigados pelos intermediários financeiros).

A turbulência económica[37] manifesta-se por estados e mudanças rápidas e imprevisíveis no ambiente socioeconómico (formado a partir da soma das mudanças no ambiente interno e externo das empresas financeiras e não financeiras - por nós designadas por Sistemas Lógicos Económicos Vivos) que afectam o desempenho. Neste contexto, ocorre *o efeito borboleta*[38] , sobre o pano de

[34] A seleção adversa cria problemas gerados pelo desejo dos devedores mais dispostos a obter um crédito, conscientes da sua incapacidade de o pagar. Este facto cria problemas também para os credores, que, ao aperceberem-se do comportamento desses devedores, podem decidir não permitir qualquer outro crédito, mesmo aos devedores no mercado que tenham uma boa pontuação de crédito. No mercado financeiro, o risco moral representa um risco (um perigo) de o devedor se envolver em actividades imorais (indesejáveis) na perspetiva do credor. Este facto torna menos provável o pagamento do empréstimo. Outra forma de descrever o risco moral é através dos conflitos de interesses em que uma das partes envolvidas no contrato financeiro actua mais em nome dos seus próprios interesses do que dos interesses da outra parte (Mishkin, Eakins, 2012, p.66).

[35] Também designado por "capitalismo de rede", a origem do risco moral é mencionada no domínio dos seguros. Historicamente, neste sector, aqueles que ofereciam apólices de seguro (especialmente contra incêndios) notaram que os proprietários de activos (totalmente segurados contra perdas) manifestavam a tendência para se confrontarem com incêndios devastadores (especialmente nas situações/períodos de tempo em que o valor provável no mercado desses activos estava a diminuir abaixo do nível do seguro). Um exemplo dos anos 80 em Nova Iorque, quando uma parte dos proprietários de edifícios era famosa por "estar predisposta a incêndios" (Krugman, 2009, p.72).
responsabilidade sobre esse crédito e permite que as instituições do Estado assumam essa responsabilidade.

[37] O fenómeno da turbulência consiste em manifestações violentas e agitadas, que acontecem por acaso e são imprevisíveis. Estas podem ocorrer no sistema natural (furacões, tempestades, tornados, ciclones, ondas de Tsunami, etc.), nas ciências matemáticas e físicas (onde estas turbulências são difíceis de modelar e para as quais os investigadores criaram a teoria do caos para estudar a forma como os eventos se desenrolam partindo de um estado inicial e de um conjunto de hipóteses deterministas; assim, pode ser demonstrado que um pequeno efeito inicial pode levar a uma amplificação exponencial das perturbações) (Krugman, 2009, p.22). A turbulência financeira representa um ou mais eventos cujo impacto tem a capacidade de afetar a estabilidade do sistema financeiro, transmitindo-o de uma instituição financeira para outra, incluindo através do sistema de pagamentos (BNR, 2012, http://www.bnro.ro/Glosar-2444.aspx).

[38] E. Lorenz, considerado o pai da teoria do caos, numa conferência em 1972 fez uma pergunta: "Pode um bater de asas de uma

fundo da complexidade sistémica, em que se manifesta um sistema muito mais interligado, muito mais independente, muito mais globalizado, e muito mais integrado (pelo menos, para certas cúpulas geodésicas). Assim começa e manifesta-se a crise não cíclica: imprevisível, casual, poderosa, com a possibilidade de não existir. Para além de tudo isto, há que sublinhar a importância do *efeito de contágio* no mecanismo não cíclico da crise. Estamos conscientes de que o efeito de influência é específico do fenómeno da globalização económica, mas também do fenómeno da complexidade. De uma forma geral, designamos por efeito de influência a situação em que as dificuldades de uma entidade (para nós uma entidade EALS) ou mesmo a falência desta afectam o funcionamento de outras entidades semelhantes (nomeadamente no sistema bancário), mas não só. Isto representa um comportamento não fundamentado na racionalidade económica, que pode ter uma dinâmica catastrófica, difícil de prever e ainda mais difícil de gerir (Dinga, 2009, p. 488).

Consideramos ainda que o fenómeno das turbulências influenciado pelo efeito borboleta e corroborado com o efeito de influência determinam que a crise agrave a amplitude e a trajetória dos ciclos económicos atribuindo, por vezes, carácter cíclico à crise do sistema sócio-económico.

11. O que representa a crise do sistema socioeconómico?

A partir do que apresentámos neste capítulo, parece-nos útil propor uma definição para o fenómeno da crise no sistema socioeconómico.

Assim, chamamos *crise do sistema sócio-económico à ocorrência imprevisível de um acontecimento ou processo de turbulência, que gera reacções de pânico, pânico descontrolado e imprevisível entre os sujeitos económicos, a nível individual e/ou coletivo.*

Consequências desta definição:

- *Consequência* - sublinhando que o impacto da crise é imprevisível, pelo que não pode ser previsto através de vários métodos ou modelos empíricos (por exemplo, os sistemas de alerta precoce). Mesmo a maioria dos estudos que se debruçaram sobre este tema concordam que o momento de início da crise não pode ser previsto com exatidão. No máximo, estes estudos salientam uma tendência para o início da crise ou, mais exatamente, uma tendência para a acumulação das causas[39] para o início da crise no sistema socioeconómico.
- *Consequência 2 - que* sublinha o facto de a imagem "percetível" da crise ser o anúncio, geralmente público, da manifestação de um acontecimento, de uma turbulência com um impacto negativo no funcionamento eficaz do sistema financeiro.
- *Consequência 3* - decorre da consequência 2 que o impacto negativo do acontecimento, a turbulência gera "reacções irracionais" de pânico ou medo entre os sujeitos económicos individuais

---

borboleta do Brasil provocar um tornado no Texas?". Assim, surgiu o "efeito borboleta", que se refere à ideia de que as asas de uma borboleta criam mudanças na atmosfera. Essas mudanças, por fim, podem modificar a rota de um sistema meteorológico como um tornado, ou podem atrasar, acelerar ou impedir a ocorrência de um tornado num determinado lugar. Por exemplo, considera-se que a ocorrência de uma turbulência corroborada pelo efeito borboleta teve lugar no crash do banco de investimento Bear Stearns em março de 2008 (Krugman, 2009, p.22).

[39] Referimo-nos, aqui, no máximo, às causas que conhecemos até este momento do desenvolvimento da sociedade, uma vez que existe a possibilidade (ou talvez não) de surgirem novos tipos de causas, tendo em conta o carácter evolutivo do sistema socioeconómico (complexo).

ou colectivos. Por exemplo, um acontecimento negativo no mercado financeiro de um país pode determinar a retirada maciça de capitais estrangeiros do país em questão e, além disso, a crise agrava-se nessa região. Ou então, uma notícia que reflicta sérias dificuldades de tesouraria num determinado banco comercial pode provocar a reação de pânico entre os depoentes para que retirem o seu dinheiro desse banco e de outros bancos comerciais[40] gerando uma crise bancária, e assim por diante.

- *Consequência 4* - pode decorrer da consequência 3: chamar novamente a atenção para a importância dos atributos do principal ator do sistema social (o sujeito económico), respetivamente uma entidade dotada de objectivos, valores, princípios e que manifestará sempre reacções e comportamentos de acordo com os seus objectivos e interesses.
- *Consequência 5* - consideramos que esta definição contribui para evidenciar o carácter não cíclico da crise no sistema socioeconómico.

12. Classificação das formas de crise no sistema socioeconómico

Ao longo de toda a nossa investigação científica, notámos muitos termos, muitas expressões dadas a diversas formas de crise no sistema socioeconómico. Por exemplo, a crise pode ser uma crise económica, financeira, cambial, bancária, global. O que não foi determinado na multiplicidade de pesquisas académicas e não académicas que abordaram o tema da crise (pelo menos na quantidade de fontes por nós identificadas) é um critério/critério de classificação destes "termos" para a crise.

Por conseguinte, em nossa opinião, a crise socioeconómica, enquanto género, pode ser classificada em mais espécies de acordo com os seguintes critérios

- o sistema financeiro (no seu conjunto) - a crise financeira;
- a parte do sistema financeiro em que a crise em causa tem início:

o sector bancário (crises bancárias),

o o sector dos serviços financeiros (crises financeiras não bancárias)

o sector cambial e com operações no exterior do país (crise cambial),

o o sector financeiro público (as operações de financiamento do Estado) - crise da dívida;

o a atividade da economia real - crise económica.

[40] Aqui, a discussão pode ser alargada com a correlação à possibilidade de segurar os depósitos através dos sistemas de seguro de depósitos do sistema nacional criado a nível nacional, pelas autoridades, com este objetivo.

De um modo geral, a regulação é o conjunto de promoção, aplicação, avaliação e implementação de determinadas regras em vários domínios do social. Tendo em conta o tema do artigo, pretendemos destacar os padrões da regulamentação aplicada no domínio financeiro, começando pela significação do conceito, depois, a justificação da existência desta atividade, bem como a sua estrutura. Com base nestes três elementos - significado, função e estrutura - formularemos uma opinião sobre a sua existência, bem como sobre o potencial e o atual equilíbrio entre a ação pública e a ação privada na realização da regulação financeira e sobre uma possível resposta à posição da regulação financeira face ao fenómeno da crise do sistema socioeconómico.

13. O conceito de regulamentação financeira

Antes de destacar o significado da regulação, consideramos necessário apresentar sinteticamente os principais elementos históricos da doutrina que estão na base do processo de regulação.

A teoria da regulação está subordinada à teoria institucionalista.

A maioria dos economistas considera que as principais questões da economia estão ligadas à distribuição dos recursos em relação às necessidades ilimitadas dos sujeitos económicos, bem como às realizações da produção, à fixação dos preços, à distribuição da riqueza na sociedade. Os institucionalistas consideram que, de facto, a organização e o controlo da economia representam as principais questões da economia e que, neste contexto, a força das relações de poder é mais forte do que os mecanismos competitivos do ajustamento automático do mercado, ou seja, da economia. Defendem que o mercado é um conjunto de instituições que coordenam a atividade económica. O institucionalismo económico (como uma espécie de corrente de pensamento - institucionalismo) foi desenvolvido sobretudo no período entre guerras nos EUA como uma escola dominante de economia. Teve uma forte influência na economia aplicada. As ideias fundamentais do institucionalismo económico podem ser sintetizadas da seguinte forma

- a economia deve ser estudada como um todo, e não apenas como pequenas partes ou como unidades individuais, isoladas; a economia deve ser considerada como um organismo complexo em que a motivação do seu funcionamento não é apenas o conjunto de indivíduos que actuam mecanicamente, estimulados pelo desejo de obter o máximo ganho;
- é necessário sublinhar o papel das instituições na vida económica como entidades promotoras de estruturas organizadas para o comportamento do grupo (não apenas promotoras de objectivos particulares como a escola, a igreja, o banco, etc.);
- a recomendação de que na análise económica seja utilizada a abordagem evolutiva (na perspetiva de Darwin), uma vez que o sistema social e as suas instituições estão em constante mudança;
- a rejeição da ideia de equilíbrio económico normal, através da introdução do princípio da "causalidade circular" ou do princípio das "mudanças cumulativas", que tem a propriedade de agir e influenciar favorável ou desfavoravelmente a realização dos objectivos económicos e sociais;

- Em vez de harmonia social, é apresentada a ideia de que no sistema da sociedade capitalista existem graves conflitos de interesses. Os institucionalistas pensavam que as pessoas são seres sociais cooperantes, que têm como objetivo promover os seus interesses individuais que se podem transformar em interesses colectivos e gerar situações de conflito. A solução seria a existência de um governo/instituição que conciliasse e harmonizasse os interesses contraditórios para, finalmente, conseguir um funcionamento mais eficiente do sistema económico;
- apoiar as reformas democráticas, liberais, para assegurar uma distribuição mais equitativa da riqueza e do rendimento;
- sustentaram a abordagem indutiva da atividade económica, introduzindo as tendências mais adequadas a longo prazo, seguindo, portanto, o modelo da escola histórica alemã; introduziram a psicanálise freudiana e a psicologia behaviorista, rejeitando a ideia de "prazer-dor" promovida pela escola austríaca.

Por conseguinte, os adeptos do institucionalismo sustentaram a abordagem holística da economia num contexto evolutivo e num quadro institucional baseado nos procedimentos governamentais regulamentares.

A chamada "Escola da Regulação" surgiu em meados dos anos 70 como a terceira corrente da renovação marxiana. Os seus principais adeptos são os economistas franceses Michel Aglietta - "Regulação e crises do capitalismo. A experiência dos Estados Unidos", 1976, Robert Boyer - "A teoria da regulação: uma análise crítica", 1986, Jacques Mistral e Robert Boyer - "Acumulação, inflação, crises", 1978, e, claro, Alain Lipietz - "Crise e inflação. Porquê?", 1979. Existem outros adeptos desta escola keynesiana, alguns em parte keynesianos e outros institucionalistas, sendo o principal representante desta corrente de pensamento económico - o americano Veblen - o que realçou o papel e a importância das configurações institucionais na atividade económica.

Historicamente, a atividade de regulação financeira foi gerada pelo aparecimento do primeiro banco central moderno - o Banco de Inglaterra em 1694, que culminou com a adoção do Glass Steagall Act nos EUA em 1933. Durante um período de quase 40 anos, as transformações monetárias e económicas a nível internacional geraram o agravamento do processo de regulação financeira. Na década de 70 e, posteriormente, nas décadas de 80 e 90, provocaram a diminuição da regulação financeira e a ocorrência do processo de desregulação financeira[41] . Os principais factores que influenciaram este processo foram, por um lado, o contínuo processo de liberalização dos serviços financeiros num contexto globalizado, por outro, um processo de inovação e aperfeiçoamento contínuo dos mercados financeiros a nível mundial (Griffit, Jones, 2009). Aqui, poderíamos acrescentar outros factores como o aumento da concorrência no domínio, a ampliação dos fluxos comerciais e financeiros a nível internacional, a ampliação das interdependências entre instituições financeiras, instituições mistas, instituições não financeiras, bem como o desenvolvimento quase exponencial das tecnologias de informação.

[41] A desregulamentação no domínio bancário-financeiro não significa o abandono das regulamentações, mas a eliminação das regulamentações com carácter restritivo que impedem ou influenciam negativamente a posição competitiva dos bancos em relação a outras instituições financeiras que operam no mercado financeiro e que, dado o seu carácter não bancário, não entram no domínio das regulamentações específicas do domínio bancário (Negrus, 2008).

Para os reguladores, a ideia básica é que a "história do capitalismo é marcada pela série de regimes de acumulação e de diferentes modos de regulação que lhes estão associados". Assim, o modo de regulação é definido como uma série de mecanismos, procedimentos e comportamentos individuais e colectivos que asseguram "a reprodução do regime de acumulação que lhe está associado". (Jacques Valier, 2009)

Em termos gerais, a regulação (R) representa um conjunto de vários instrumentos com os quais os governos estabelecem regras sobre as actividades das empresas e sobre os cidadãos e que são emitidos por autoridades governamentais e por certas agências não governamentais ou agências auto-reguladoras[42] . (OCDE, 1997, p. 11) Além disso, as normas são adoptadas para a concretização dos objectivos propostos pela autoridade que as emitiu, muito provavelmente o Estado, através de instituições específicas. A motivação padrão para o exercício da regulação é a falha de mercado. Um mercado está em estado de falha se não consegue manter, por si só, o exercício da concorrência. Pensa-se que o mercado, deixado a atuar sozinho, não produzirá os produtos e serviços específicos de forma eficiente e ao menor custo (Fabozzi, Modigliani, 2010, p. 13).

A operação específica do processo de regulamentação é a reforma. A reforma pressupõe, logicamente, a alteração das caraterísticas de um facto ou de um processo. A reforma tem por objetivo eliminar o que não é ou já não é necessário, racionalizar e/ou simplificar o que é necessário e melhorar a transparência na aplicação dessas regras. Assim, a reforma da regulamentação pressupõe a adoção de mudanças que melhorem a qualidade da regulamentação, gerando o aumento do desempenho, a melhoria da relação custo-benefício, a melhoria das qualidades jurídicas dos regulamentos e das formalidades impostas pelo Estado. Além disso, pode significar a revisão de um conjunto completo de regulamentos, a anulação ou a reconstrução de outro regime de regulamentação juntamente com as suas instituições ou a melhoria dos processos de criação de regulamentação, bem como a gestão da própria reforma. A história do processo de reforma mostrou que esta não foi uma estratégia coerente do governo e que foi exercida como reação a crises, a certas oportunidades dos países, indústrias, políticas ou como resultado do comportamento de alguns grupos de interesse que beneficiaram da implementação desses regulamentos.

A reforma da regulamentação gera duas espécies de regulamentação: a desregulamentação e a reregulamentação (OCDE, 1997, 2009):

- A desregulamentação consiste na eliminação total ou parcial da regulamentação de um sector, a fim de melhorar os desempenhos económicos. De um modo geral, quando nos referimos à desregulamentação, estamos a pensar numa espécie de regulação económica;
- reregulamentação - entende-se como sendo a regulamentação do regulamento ou novas regras para o conjunto de regulamentos inicialmente estabelecidos.

No domínio económico, é utilizado o termo regulação económica, mas a maioria das revistas académicas e não académicas utiliza o termo regulação financeira.

Assim, a regulação financeira pressupõe o conjunto de regras aplicadas ao sistema financeiro

[42] De acordo com a OCDE, as principais formas de regulamentação são: regulamentação económica, regulamentação social e regulamentação administrativa (OCDE, 1997).

que se referem a todas as componentes do sistema (o sector bancário, o sector dos seguros, o sector dos serviços financeiros, o sector dos fundos diversos, o sector dos serviços conexos e as infra-estruturas do sistema financeiro, etc.), mas a diferentes níveis.

Na nossa busca científica, tentámos enfatizar uma abordagem diferente na definição da atividade financeira, "construída" com base no método de explicação lógica, posto em prática também nos capítulos anteriores.

Do nosso ponto de vista, *a regulação da atividade financeira pressupõe o processo através do qual as regras de comportamento aplicadas aos sujeitos económicos (a nível individual e coletivo) são enunciadas, impostas e verificadas em relação aos serviços financeiros para criar e manter a estabilidade do sistema financeiro evolutivo.*

A partir desta definição de regulamentação financeira, conclui-se que:

- *Consequência 1* - sustenta o carácter normativo e obrigatório deste processo para a consecução do objetivo principal - a estabilidade do sistema financeiro.
- *Consequência 2* - pressupõe a criação de comportamentos "estáveis"[43] através da observância das mesmas regras para os sujeitos económicos (enquanto criadores de serviços financeiros, vendedores ou compradores de serviços financeiros).
- *Consequência 3* - a ênfase no domínio de ação da regulamentação financeira - serviços financeiros.
- *Consequência 4* - o fundamento exato do resultado proposto na sequência do exercício do regulamento - a estabilidade do sistema financeiro evolutivo.
- *Consequência 5* - sublinha a ideia de um sistema financeiro[44] evolutivo ("em movimento"), o que determina que a interpretação e a construção do processo de regulação sejam também evolutivas (ou devam sê-lo).

14. Funções do regulamento financeiro

De um ponto de vista lógico, consideramos que as funções (o papel) da regulação financeira devem estar correlacionadas com as funções (o papel) do sistema financeiro, porque o principal objetivo da regulação financeira é a estabilidade do *sistema financeiro evolutivo.*

Na economia, sabemos que as funções do sistema financeiro são:

- mediar os fluxos financeiros das pessoas que poupam para as que necessitam de capital;
- promover a eficiência económica através da utilização do capital em investimentos produtivos (com um impacto positivo na economia real);
- redistribuição dos riscos associados aos investimentos (financeiros e não financeiros);
- o recurso frequente à fixação de preços para os activos transaccionados, através da interação

[43] Aqui, podemos usar também o termo "padronizado", mas sendo uma entidade viva, com uma consciência - o sujeito económico - não é possível padronizar comportamentos. Quando muito, podem ser comportamentos que, cumprindo a regulamentação, se podem manifestar entre certos limites aceitáveis do ponto de vista da estabilidade do sistema financeiro. Assim, é necessário determinar a manifestação de comportamentos estáveis no tempo para os sujeitos económicos.

[44] O sistema financeiro evolutivo, tanto do ponto de vista da complexidade como da quantidade e da qualidade.

entre compradores e vendedores;

- criar o mecanismo de venda dos activos financeiros, ou seja, os mercados financeiros criam a liquidez dos activos (quando um investidor quer vender um ativo, pode fazê-lo transaccionando-o no mercado financeiro);
- a diminuição dos custos de transação (custos de informação e custos de procura de activos).

Além disso, na literatura económica, as motivações para a regulamentação financeira são apresentadas como (Fabozzi, Modigliani, 2010, p. 13)..:

1. proteger os corretores de segurança da fraude do investidor através da recolha de informações;
2. promover a confiança e a concorrência nas transacções de valores mobiliários;
3. promover a estabilidade das instituições financeiras;
4. limitar a atividade dos grupos financeiros estrangeiros nos mercados internos;
5. controlar o nível de atividade económica, etc.

Da análise das funções do sistema financeiro, das motivações para a regulação financeira e da definição de regulação proposta no subcapítulo anterior, consideramos que a função da regulação financeira reflecte o efeito potencial (pretendido) das regras impostas através do seu exercício:

- orientar as acções dos sujeitos económicos para a utilização frequente dos fluxos monetários através do sistema financeiro;
- orientar o comportamento dos sujeitos económicos para o desempenho económico;
- orientar os sujeitos económicos para a redução da assunção de riscos em relação aos investimentos efectuados (financeiros e não financeiros), por conta própria ou de outrem;
- criação de uma infraestrutura eficaz (instituições, mecanismos, etc.) de transação de activos financeiros e de interação ética entre os sujeitos económicos relativamente às transacções de activos financeiros;
- corrigir alguns comportamentos negativos dos sujeitos económicos em relação aos regulamentos financeiros impostos anteriormente;
- criar novas regras financeiras ou readaptá-las a um novo sistema financeiro evolutivo (com caraterísticas diferentes das do momento da adoção das regras financeiras anteriores).

15. A estrutura da regulamentação financeira

A abordagem teórica, bem como a prática, da estrutura da regulação financeira é bastante difícil, pois parece que este é um dos pontos fracos de todo o processo de regulação financeira, sendo considerado também uma das causas das crises financeiras (pelo menos, da crise financeira mais recente).

Considera-se que a estrutura demasiado complexa e ineficaz da regulação financeira contribuiu para o início da crise de 2007-2009. O sistema de regulação existente é complexo e nele um número significativo de organizações/agências inconsistentes actuam e relacionam-se de uma forma pouco transparente e eficaz. Continuamente, são criados novos comités e grupos de trabalho e alguns dos que foram criados anteriormente estão a ser "encerrados". Na criação e funcionamento destas instituições, a tónica não é colocada na liderança. E, aqui, mencionamos alguns exemplos (Wade, 2008):

- em 1999, os ministros das finanças criaram o Fórum para a Estabilidade Financeira. A sua estrutura governamental reflecte o equilíbrio de poderes após a Segunda Guerra Mundial, na estrutura do sistema financeiro;
- O Comité de Basileia para a Supervisão Bancária, criado em 1974, parece um microcosmos. É composto por representantes de 13 países membros, entre os quais 10 da Europa, incluindo a Bélgica e o Luxemburgo. O único Estado da Ásia é o Japão. Não inclui membros da China, da Índia ou de qualquer outro Estado do hemisfério sul. Está aberto aos governadores do G10 (praticamente 13). Além disso, no caso de não ser o banco central do Estado representado neste comité a ocupar-se da regulação e supervisão financeiras, a principal autoridade que se ocupa desta atividade não é membro deste comité;
- a Organização Internacional das Comissões de Valores Mobiliários inclui duas partes representativas para o Canadá e nenhuma para a China ou a Índia, etc.

A introdução de regras nacionais de regulamentação na ausência de um conjunto global integrado de regulamentações incentivou frequentemente os participantes no mercado a evitarem estas regulamentações financeiras através de inovações financeiras e de *arbitragem regulamentar*[45] (nacional e transfronteiriça). Verificou-se que, na ausência de um contexto global e integrado, as normas da regulamentação nacional (incluindo as restrições às transacções) conduziram a reacções repressivas entre os participantes no sistema financeiro. Este facto teve efeitos negativos sobre o sistema financeiro e sobre o processo de regulação no país em questão (Moshirian, 2011)[46] . Os bancos que operavam a nível internacional foram parcialmente regulados, no que respeita às operações transfronteiriças, devido à fragilidade da cooperação entre as autoridades nacionais[47] . Estes e outros casos de regulação têm demonstrado, muitas vezes, que as restrições nacionais à regulação têm desfavorecido, a prazo, segmentos do mercado financeiro nacional em relação aos internacionais no contexto de um mercado cada vez mais globalizado.

---

[45] *A arbitragem regulatória* reflecte a forma como as instituições optam por respeitar a alternativa de regulação que preferem (Hawkins, J., 2012 http://wwww.bis.org/publ/bppdf/bispap071.pdf). Com o tempo, o sistema de regulação dos EUA permitiu mais arbitragem regulatória (Moshirian, 2011).

[46] Ao contrário do Japão e da Europa, os Estados Unidos separaram as participações financeiras das não financeiras. Esta divergência das políticas económicas nacionais contribuiu, naturalmente, para uma regulamentação transfronteiriça da arbitragem (a lei Gram-Leach-Bliley impediu parcialmente este obstáculo).

[47] Estudos empíricos mostram que a regulamentação bancária começou a ser desregulamentada a partir dos anos 70, o que determinou a ocorrência frequente e dispendiosa de crises bancárias. Parece que nas últimas 3-4 décadas se registaram mais de 80 crises bancárias em todo o mundo e em todos os tipos de economias: desenvolvidas, em desenvolvimento e em transição - Caprio, Klingebiel, 1997. Verificou-se também que os pânicos bancários modernos são muito mais dispendiosos do que os históricos devido aos planos de salvamento governamentais (Boyd, Nicolo, Smith, 2003). Embora estas opiniões considerem que o problema não é o custo fiscal de salvar instituições financeiras (especialmente as do tipo "too big to fail"), mas a volatilidade macroeconómica induzida pela volatilidade da oferta de crédito (no momento inicial, esta oferta é fornecida com demasiada facilidade e a um preço demasiado baixo, após o início da crise, esta foi severamente restringida) (Turner, 2010).

A estrutura de regulação financeira tem-se revelado fragmentada e frágil e, por vezes, "ignorada". Por exemplo, parece que, por razões ideológicas e estruturais, o problema do risco moral criado no sistema financeiro dos EUA através do modelo bancário "originar e distribuir" foi ignorado durante o período de expansão (paralelamente, foram criadas bolhas especulativas). O sistema de regulação nos EUA tem vindo a desenvolver-se passo a passo sem ter na sua base um plano global, ao mesmo tempo que para cada novo produto bancário foi criado o seu próprio conjunto de regulamentos e a sua própria autoridade para o efeito. O resultado foi a existência de mais de 100 autoridades que regulamentam e supervisionam vários sectores do sistema financeiro, por vezes sobrepostos, enquanto uma parte deles, de importância máxima (por exemplo, o mercado hipotecário de alto risco e o mercado de derivados de balcão), não foi regulamentada. Relativamente aos dois mercados - o subprime e o mercado de derivados OTC - o ambiente ideológico existente não representava um ambiente favorável à materialização dos esforços no estabelecimento de um sistema de regulação e supervisão destes dois mercados. Desta forma, a ideologia neoliberal continuou a acreditar na validade da teoria do "mercado livre eficiente" para o mercado financeiro, segundo a qual o mercado se ajusta e a concorrência e a regulação "fácil" determinam a eficiência, a inovação e a estabilidade. A última crise financeira mundial pode ser vista como uma "experiência natural" para testar a teoria de um mercado eficiente, experiência essa que falhou. A consequência deste facto foi a criação de um sistema financeiro pouco regulado, caracterizado pelas seguintes palavras "o sistema... onde os lucros se privatizam e as perdas se socializam"[48] (Wade, 2008).

Devido às diferenças na governação do sistema financeiro em cada economia, existem diferentes modelos e métodos de supervisão prudencial relativamente à segurança dos consumidores, ao nível de capitalização, ao nível de risco assumido pelos bancos e pelas instituições financeiras não bancárias, aos vários sistemas de controlo, auditoria ou sanção das instituições financeiras (Currie, 2006). Assim, num sistema financeiro, uma ou mais entidades podem funcionar e exercer actividades financeiras[49] . Estas podem responder pela regulação de um ou mais sectores do sistema financeiro.

A história dos antecedentes da regulamentação prova, também, que as autoridades responsáveis reagem demasiado tarde para revogar algumas restrições regulamentares que, face à especificidade do mercado, se tornam irrelevantes. Esta situação está a transformar-se, com o tempo, num fator de desordem e de instabilidade financeira global. Os líderes do G20 têm a mesma opinião, tendo proposto em 2011 aproveitar a oportunidade criada pela recente crise financeira para repensar e reformar a estrutura e o conteúdo do sistema de regulação financeira, a nível nacional e internacional. Referem-se à capitalização das lições e dos fracassos decorrentes da crise para criar

---

[48] Esta ideia reforça ainda mais a nossa convicção de que no sistema social atual ocorrem crises "socioeconómicas" e não apenas crises económicas, financeiras, monetárias, da dívida, cambiais, etc.

[49] Por exemplo, nos EUA existem: US Securities and Exchange Commission (SEC), Financial Industry Regulatory Authority (FINRA), Commodity Futures Trading Commission (CFTC), Federal Reserve System (Fed), Federal Deposit Insurance Corporation (FDIC), Office of The Controller of the Currency (OCC), National Credit Union Adminstration (NCUA), Office of Thrift Suprevision (OTS). No Reino Unido, existe a Financial Srvices Authority (FSA) ou, na Alemanha, a Federal Financial Superviory Authority (BaFin), etc.

um mecanismo de prevenção e resistência a uma futura crise financeira.

De acordo com o que apresentámos acima, concordamos com a ideia de que a atual estrutura de regulação financeira, ou melhor, a manutenção da mesma estrutura de regulação financeira, a médio e longo prazo, determina uma espécie de causas da crise socioeconómica.

Na literatura económica, a estrutura de regulação financeira é enfatizada como uma soma de formas de regulação, mais ou menos correlacionadas. Assim, discute-se sobre (Bratu, Petria, 2012):

• *regulamentação nacional* - conjunto de normas e restrições aplicadas às instituições financeiras que actuam numa economia. Este tipo de regulamentação é exercido por autoridades mandatadas;

• *regulamentação internacional* - normas e restrições aplicadas às instituições financeiras que actuam maioritariamente a nível mundial. Do ponto de vista da responsabilidade no exercício da regulação internacional, referimos que atualmente não existe nenhuma instituição ou grupo de instituições mandatadas com essa responsabilidade. Existem algumas entidades ou fóruns internacionais que periodicamente ou a pedido de alguns (por exemplo o G20) fazem algumas recomendações sobre a estrutura, o conteúdo e os instrumentos que devem ser utilizados para a regulação financeira internacional e, implicitamente, para um sistema financeiro estável. Mais adiante, fica ao critério das autoridades nacionais de regulação a implementação destas recomendações nos seus próprios códigos de leis como normas e princípios para a regulação financeira. Numa outra perspetiva, podemos considerar que a regulamentação internacional é o conjunto das regulamentações financeiras nacionais e regionais;

• *regulamentações macro-prudenciais* - pressupõem que as instituições responsáveis devem ter autoridade agregada a todo o nível do sistema económico e devem ter uma importância sistémica. Em regra, a responsabilidade pela supervisão macro-prudencial pertence aos bancos centrais;

• *Regulamentação micro-prudencial* - a responsabilidade pela supervisão individual de cada instituição financeira e a necessidade de ser caracterizada pela individualidade, prudência, legalidade e avaliação. Na prática das economias, a regulação microprudencial é exercida pela Supervisão dos Serviços Financeiros. A regulação microprudencial pode ser considerada, também, como uma forma de autorregulação individual das instituições financeiras. As regulamentações macro e microprudenciais baseiam-se, na sua maioria, no princípio da relação direta com as grandes instituições financeiras de importância sistémica num determinado mercado financeiro. No entanto, estes dois tipos de regulamentação financeira têm perspectivas diferentes, mas continuam a coexistir e a ser válidos;

• *regulamentação pública* - exercida pelas autoridades com responsabilidades macroeconómicas;

• *regulamentação privada* - tipo de regulamentação que é efectuada por vontade das instituições privadas (autorregulação) ;[50]

[50] Por exemplo, com a adoção de Basileia II, os bancos tiveram a liberdade de criar determinados modelos internos de ajustamento do capital para evitar o risco sistémico. No entanto, é necessário sublinhar o facto de a regulação privada ter um grau de subjetividade muito maior e poder ser benigna apenas para o indivíduo ou instituição

• *regulamentação setorial* - consoante os principais sectores do sistema financeiro, existem a regulamentação bancária (a mais desenvolvida), a regulamentação dos seguros e a regulamentação do mercado de capitais ou de valores[51] mobiliários. A nível internacional, foram criadas três entidades que respondem de certa forma à regulação do sector: o Comité de Basileia de Supervisão Bancária - BCBS (regulação bancária), a Associação Internacional de Supervisão de Seguros (IAIS; regulação dos seguros), a Organização Internacional das Comissões de Valores Mobiliários (IOSCO; regulação dos valores mobiliários), o International Accounting Standards Board (IASB; regulação das normas de relato financeiro). Entre os três sectores, o sector dos seguros é o menos regulamentado e o sector dos valores mobiliários é o menos regulamentado e, em certos aspectos, nem sequer é regulamentado;

• *regulamentos direcionados para o produto financeiro (regulamentos instrumentais)* - visam a regulamentação de alguns instrumentos ou produtos transaccionados por agentes específicos no mercado financeiro. Por exemplo, os produtos financeiros que são ou geram risco sistémico, ou seja, os produtos de transferência de risco de crédito (swaps de risco de incumprimento, produtos de seguro de garantia financeira, etc.). Estes produtos têm a capacidade de transferir riscos dentro e fora dos sectores regulamentados. Por isso, recomenda-se uma regulamentação mais específica, transparente e flexível deste tipo de instrumentos financeiros;

• *regulamentação formal* - o conjunto de leis e normas legisladas e exercidas pelas autoridades. Historicamente, verificamos que a regulamentação formal é rígida e limitada em relação ao carácter criativo e complexo do sistema financeiro, o que determinou, a longo prazo, a ocorrência de crises financeiras;

• *regulamentações pró-cíclicas* - que determinam a atuação das instituições financeiras no sentido de sublinhar as tendências do ciclo económico[52] ; regulamentações anticíclicas - que determinam a atuação das instituições financeiras no sentido de limitar as tendências do ciclo económico.

Da longa lista de formas de regulamentação financeira, constatamos mais uma vez o carácter fragmentado e diversificado da regulamentação. Consideramos que este facto se deve também à falta de uma arquitetura global de regulamentação com base na qual se possa construir uma estrutura, uma estrutura integrada e viável para a regulamentação financeira.

Na nossa opinião, a arquitetura da regulação financeira deve ser construída com base numa visão holística, respeitando também alguns princípios gerais como: colaboração, coordenação, transparência, flexibilidade (de forma evolutiva) e responsabilidade. Juntamente com estes, devem ser incluídos os princípios específicos da regulação financeira.

---

financeira em questão. É necessário ter em conta que estas instituições actuam de forma interligada com outras instituições financeiras, a nível nacional e internacional. Este facto pode induzir globalmente um excesso de risco sistémico. Por isso, pensamos que estas regulamentações privadas devem ser monitorizadas e, de certa forma, limitadas.

[51] A nível nacional, o banco central pode exercer integralmente a regulação de todos os sectores financeiros de uma economia. Mas, na maioria das vezes, existem entidades mandatadas para responder pela regulação de um ou mais sectores dentro de um sistema financeiro, como é o caso dos EUA ou da República da China.

[52] Até à data, muitas experiências salientaram a utilização da regulação financeira, de tipo pró-cíclico, com a desvantagem já descrita: induzir e agravar o risco sistémico e, implicitamente, as crises no sistema socioeconómico.

Temos algumas propostas, para isso:

Proposta 1 - a criação de uma Instituição Internacional de Regulação Financeira (IFRI) como entidade de carácter público. Os membros da instituição deveriam pertencer a países desenvolvidos, países em desenvolvimento e países em transição (especialmente aqueles com uma economia financeira aberta). Uma sugestão neste sentido poderia ser os representantes dos países membros no FMI.

Proposta 2 - os objectivos da instituição devem ser construídos com base em direcções sectoriais (direção do sector bancário, direção dos bancos de investimento, direção do sector dos seguros, direção dos fundos de investimento e das participações em valores mobiliários, direção dos fundos de cobertura, direção das agências de notação, direção de outras instituições financeiras não incluídas nas categorias acima mencionadas). Em cada direção devem ser incluídos especialistas (dependendo da especificidade da direção) de cada país aderente. Refira-se, aqui, que as estruturas sectoriais já criadas a nível internacional podem ser organizadas como direcções dentro desta nova instituição. Por exemplo, o Comité de Basileia para responder pela regulação financeira bancária, mas não apenas a um nível de recomendação e de estabelecimento de princípios gerais, mas com um carácter obrigatório - flexível ou adaptado (de acordo com todos os países-membros), em função do grau de refinamento do sistema financeiro do país onde é implementado.

Proposta 3 - a nível nacional, criar instituições com uma estrutura semelhante à proposta para o nível internacional (à semelhança do Banco Central Europeu - os bancos centrais dos Estados-Membros). A Instituição Nacional de Regulação Financeira para coordenar, do ponto de vista da regulação, todos os domínios do sistema financeiro nacional.

Proposta 4 - a comunicação entre as várias instituições para a regulação financeira global deve ser como fluxos de informação contínuos, mútuos e cruzados.

Proposta 5 - os regulamentos estabelecidos pelo IFRI têm como objetivo a criação e a manutenção de um sistema financeiro estável a longo prazo. Este objetivo deve ser coordenado com as políticas económicas dos Estados membros para que o sistema financeiro internacional cumpra o seu papel geral de eficiência na mediação de capitais para investimentos produtivos e benéficos para o bem-estar humano.

Proposta 6 - os regulamentos financeiros propostos devem ser continuamente adaptados às mudanças funcionais e estruturais do complexo sistema financeiro internacional. Ou seja, a aplicação de uma regulamentação evolutiva.

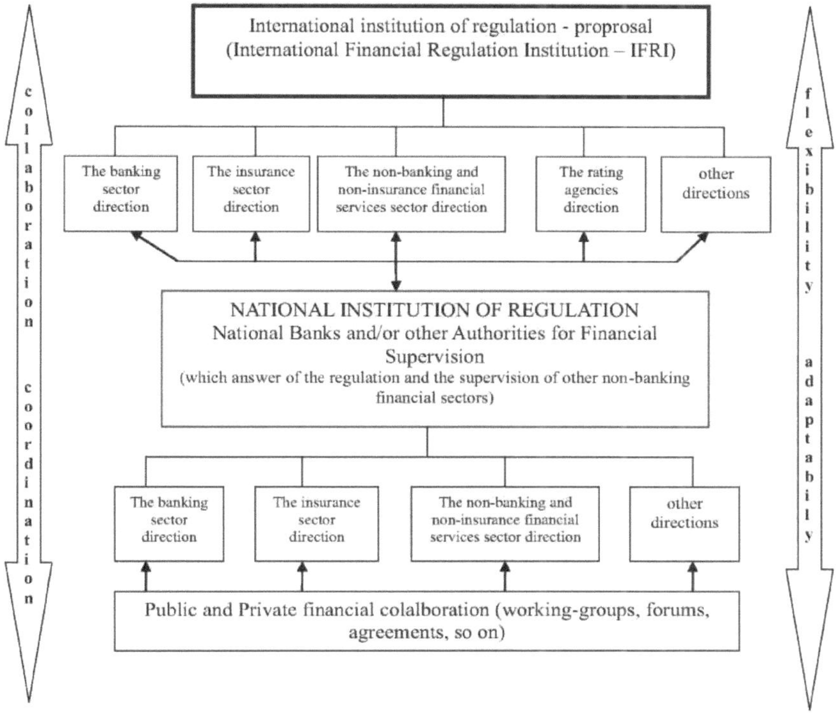

Gráfico 3.1 A estrutura do regulamento financeiro - uma proposta

A ideia da criação de uma instituição de regulação internacional é sustentada por outros autores que consideram que a falta de uma supervisão nacional eficiente e a falta de experiência, em certos casos, das autoridades nacionais para a regulação financeira reforçam a importância da eficiência das instituições internacionais. Estas podem proporcionar mais eficiência na coordenação e experiência na gestão dos riscos financeiros que são agora globais e não apenas nacionais (Moshirian, 2011).

16. Público e privado no âmbito da regulamentação financeira - uma análise de impacto

A reforma do quadro institucional da regulação financeira pressupõe repensar o nível a partir do qual as regras devem ser emitidas e qual a estrutura desse nível. Com este subcapítulo, procuramos enfatizar a importância da colaboração entre as entidades públicas e privadas no exercício do processo de regulação.

A nossa proposta, apresentada no subcapítulo anterior, relativa à criação de uma instituição internacional de regulação (IFRI) assenta no princípio da regulação pública, ou seja, das regras emitidas pelas autoridades públicas responsáveis. Consideramos eficaz e possível que as regras do "jogo" sejam estabelecidas com base em parcerias público-privadas (entre as autoridades públicas de regulação e as instituições financeiras, maioritariamente privadas) e apenas legalizadas, impostas e verificadas (isto é, controlando o seu cumprimento pelos seus destinatários) pelas autoridades nacionais de regulação financeira (que são e devem ser entidades públicas). A parceria, a colaboração e a coordenação entre os dois níveis de regulação financeira - público e privado - podem tornar-se legais e formais através de discussões, em primeiro lugar, entre os representantes da autoridade pública de regulação e os representantes das entidades financeiras privadas e, em seguida, através de acordos oficiais que evidenciem a participação comum destes dois interesses na criação de um quadro de regulação financeira tão adequado quanto possível ao complexo sistema financeiro existente.

De acordo com a teoria dos "3P", a Parceria Público-Privada representa um contrato através do qual uma autoridade pública seleciona um projeto que é posteriormente desenvolvido e posto em prática por uma entidade privada, ou um contrato de serviços e de desenvolvimento entre o governo e um parceiro privado (Maskin, Tirole - 2008; Stadler, Probst - 2012)[53] . Ao mesmo tempo, outros autores consideram que a parceria público-privada é a colaboração entre os sectores público e privado a partir do desejo de fornecer um projeto ou serviços tradicionalmente prestados pelo sector público. Neste caso, as partes envolvidas são os governos, os investidores e os credores (Ke Yongjian, Liu Xianping, Wang Shouquing, 2008). Na maioria dos casos, os contratos de parceria público-privada são assinados para o desenvolvimento, sendo, assim, o paradigma de colaboração para o século XXI.

A primeira experiência prática de colaboração em parceria público-privada no domínio da regulamentação financeira foi realizada a nível regional, ou seja, na Europa. A parceria público-privada assinada foi um acordo de coordenação no sector bancário denominado "The
A "Iniciativa de Viena" teve início em janeiro de 2009. Até à data, foram adoptadas duas formas da mesma iniciativa: a iniciativa de Viena 1 e a iniciativa de Viena 2. O papel essencial dos acordos é a manutenção da estabilidade financeira na Europa Central e Oriental. A iniciativa 1 de Viena visava o estabelecimento de medidas específicas para a atividade dos grupos bancários internacionais na região (especialmente os que têm importância sistémica), tais como: evitar uma retirada em grande escala dos bancos (especialmente nos países onde o FMI e a UE assinaram acordos de financiamento com as autoridades nacionais: Hungria, Roménia, Sérvia, Bósnia e Herzegovina e Letónia); estabelecimento de princípios comuns relativos à gestão e às medidas de prevenção contra a crise, envolvendo tanto as autoridades do país de acolhimento como as do país de origem; reforço da cooperação transfronteiriça no processo de regulamentação, incluindo o intercâmbio de informações.

Os instrumentos específicos, através dos quais estes objectivos foram atingidos, assumiram a

[53] Os governos de todo o mundo desenvolveram parcerias público-privadas como meio de prestar uma vasta gama de serviços públicos em domínios importantes como a educação, os transportes, a saúde, etc. (Bettignies, Ross, 2009).

forma de cartas bilaterais relativas à manutenção de posições em risco no país de acolhimento (grupos bancários da Áustria, Itália, Grécia, França, Eslovénia, Alemanha, Bélgica e países do Norte comprometeram-se a manter posições em risco gerais nos principais países de acolhimento na Europa).

Para além destes objectivos específicos, a iniciativa de Viena sugeriu a investigação de possíveis políticas geradas por problemas estruturais nos sectores bancários de uma determinada região. Este facto levou à criação de dois grupos de trabalho:

- o primeiro grupo de trabalho - analisa o desenvolvimento dos mercados financeiros em moeda local para reduzir o crédito em moeda estrangeira (BERD - Report by the Public-private sector working-group on local currency development, 2011);
- o segundo grupo de trabalho sublinha o papel desempenhado pelas instituições de crédito na atração de fundos europeus (BERD - The role of commercial banks in absorption of EU Funds, 2011).

A motivação que esteve na base da assinatura desta parceria público-privada foi assegurar uma ação coordenada para manter a estabilidade financeira e a confiança nos mercados locais, bem como promover um crescimento económico sustentável (Banco Nacional da Roménia - Relatório sobre a estabilidade financeira, 2011). As partes envolvidas neste acordo são representadas pelas autoridades reguladoras do país de origem pertencentes aos grupos bancários europeus activos nos mercados nacionais da Europa emergente. A estas juntaram-se as autoridades internacionais (o Comité Europeu, o BERD, o BEI, o BM e o FMI, na qualidade de observador), os representantes dos grupos bancários envolvidos, bem como as autoridades locais dos países europeus.

A iniciativa de Viena é o primeiro passo dado nessa direção. No entanto, consideramos que esta iniciativa deve ser alargada a nível internacional. É por isso que, para apoiar mais a ideia de uma nova estrutura de regulação internacional, propomos que a base da estrutura seja a colaboração entre as instituições nacionais de regulação financeira (NFRI) e as instituições financeiras privadas, uma colaboração concreta sustentada por acordos formais. A concretização dos objectivos estabelecidos nos acordos em questão poderia supor fóruns com discussões construtivas, através dos quais se salientariam as deficiências e as falhas das regulamentações financeiras nacionais e/ou internacionais, bem como propostas de correção e adaptação das mesmas a um novo contexto. As consequências para a existência deste tipo de acordos são:

- *Consequência 1* - o contacto permanente com o ambiente de ação real das instituições financeiras.
- *Consequência 2* - a avaliação, a um nível superior, da acumulação das causas que geram as crises no sistema.
- *Consequência 3* - identificar em tempo real os riscos específicos da atividade financeira, bem como as eventuais deficiências do quadro regulamentar existente.
- *Consequência 4* - identificar e analisar algumas novas actividades financeiras geradas pelo carácter inovador do sistema e, assim, integrá-las no conjunto da regulamentação.
- *Consequência 5* - uma consciência cada vez maior do interesse comum (das autoridades públicas e das instituições financeiras privadas), ou seja, de criar e manter a estabilidade financeira

a longo prazo.

Numa outra perspetiva, uma relação público-privada no domínio da regulação financeira poderia ser construída também com base na gestão (acionistas) público-privada das instituições financeiras, que poderiam, desta forma, fazer a transição da teoria da "maximização do lucro" para a da "*maximização dos efeitos sistémicos positivos a longo prazo*".

Além disso, em nossa opinião, é importante mencionar e estar ciente de que a regulamentação não é apenas uma forma de corrigir comportamentos, impor restrições (padronizar comportamentos), limitar a atividade financeira, mas é a oportunidade através da qual certas actividades (geralmente as recém-inovadas) podem ser "ajudadas" a tornarem-se mais eficientes, mais estáveis a longo prazo.

17. Regulamentação financeira - causa ou efeito da crise?

Outro problema invocado por muitos autores e para o qual tentaremos encontrar uma resposta possível é o seguinte: a lei de regulação financeira é uma causa ou um efeito da crise?

Podemos abordar o problema de dois ângulos:

1. partindo da teoria ortodoxa em que o fenómeno da crise é considerado cíclico;
2. partindo da ideia, por nós proposta nos capítulos anteriores, de que o fenómeno da crise não é cíclico.

Caso I: A crise é cíclica. Nesta situação, a regulamentação financeira é julgada nos estudos do nosso domínio de interesse como revelando o seu carácter pró-cíclico e, por conseguinte, o papel de causa da crise.

Existem muitos debates sobre os efeitos pró-cíclicos das normas prudenciais e das normas de regulação financeira. Porque a maior importância na regulação financeira tem a regulação bancária, a maior parte dos traços pró-cíclicos são atribuídos aos índices de avaliação da adequação do capital às instituições bancárias - adoptados na sequência das recomendações do Comité de Basileia. Os efeitos pró-cíclicos da adoção do acordo de Basileia II foram já antecipados antes da sua efectiva adoção. Com efeito, através de Basileia II foram introduzidas variáveis dinâmicas para os requisitos de capital, aspectos que estavam ausentes de Basileia I. Enquanto se prevê e concretiza uma diminuição da qualidade do crédito (quando os negócios dos devedores são afectados), os bancos são confrontados - ceteris paribus - com níveis elevados dos requisitos de capital, durante a recessão (Heid, 2007). Enquanto estas regras determinarem uma maior sensibilidade aos requisitos de capital nas modificações das exposições ao risco para os bancos e enquanto os riscos de crédito se alterarem ao longo do ciclo económico, este quadro de regulação dos requisitos mínimos de capital assumirá a forma evolutiva do ciclo económico[54] . Assim, a introdução de requisitos de capital sensíveis ao risco não só determina um aumento da volatilidade da regulação do capital, como também pode agravar a recessão económica - ao diminuir a concessão de crédito (Agenor, Pereira

[54] Por exemplo, quando os preços dos activos começam a cair, os bancos começam a ser afectados por depreciações contínuas dos activos, o que levará a um aumento das garantias para os clientes e, finalmente, a um aumento das suas necessidades de capital. Se os bancos tiverem uma alavancagem elevada, para manterem as suas necessidades de capital podem aumentar o seu próprio capital de várias formas (o que é difícil de conseguir em recessões), ou reduzir a atividade de concessão de crédito.

da Silva, 2010). Além disso, tem sido observado um carácter pró-cíclico na correlação entre o custo de capital e o capital. Em períodos de boom económico, o capital emprestado aumenta, e o seu custo diminui; durante as recessões, a quantidade de capital diminui, e o seu custo aumenta. Este facto cria fases pró-cíclicas na estrutura do capital na economia global, determinando elevados níveis de fragilidade financeira (Wade, 2008).

A solução é proposta pela maioria dos autores que atribuíram o carácter pró-cíclico às regulamentações bancárias, ou seja, adotar estratégias para conferir um carácter anticíclico a estas regulamentações .[55]

As estratégias de regulamentação financeira anticíclica podem ser construídas com base nas seguintes normas:

- adoção de novos instrumentos financeiros com efeitos anticíclicos:

o Obrigações ligadas ao PIB ou títulos ligados ao crescimento para os quais, enquanto o PIB aumentar, os juros aumentarão, e vice-versa. Os investidores institucionais em tais instrumentos devem ser estimulados a "comprar e possuir" e não a "comprar e vender" (portanto, a tornarem-se investidores racionais, com uma visão de longo prazo sobre as carteiras de instrumentos negociáveis detidos);

o empréstimos com taxa fixa pagos em moeda nacional;

o empréstimos indexados inversamente às taxas de juro dos bancos centrais;

- a revisão do Acordo de Basileia II (através da introdução de requisitos de capital anticíclicos). Neste sentido, Basileia III (que será implementado em 2018-2019) deveria estabelecer alguns princípios gerais (exigir que os governos imponham impostos suplementares sobre o sistema bancário comparáveis a uma apólice de seguro contra crises futuras) e deixar aos bancos centrais a latitude para estabelecer a taxa de capital adequada;
- a revisão da IAS 39, porque também ela gera efeitos pró-cíclicos, nomeadamente no modo de avaliação dos activos pelos bancos.

Assim, esses regulamentos devem ser revistos em função dos ciclos económicos. Concordamos que isso é difícil de conseguir, especialmente no caso de ciclos económicos breves. Por conseguinte, nesta perspetiva, considera-se que a regulação financeira é a causa desta crise. Mais, neste caso, consideramos que este papel de causa se transformará em efeito da crise, na sequência das intervenções da autoridade reguladora para restabelecer o equilíbrio do sistema económico-financeiro. No início do ciclo económico seguinte, é possível que o efeito da regulação se transforme em causa da regulação, e assim sucessivamente. Um dos factores determinantes desta cadeia de transformações cíclicas no seio da regulação financeira (causa-efeito-causa-efeito-causa-

[55] Atualmente, com algumas excepções (por exemplo, a regulamentação financeira utilizada pelas autoridades em Espanha e em Portugal), a regulamentação financeira é utilizada como uma abordagem "ao sabor do vento", ou seja, como uma regulamentação anticíclica que se revelou mais eficaz e que cria um sistema financeiro mais estável a longo prazo. Parece que o preço das práticas de regulação anticíclica consiste em constranger as instituições financeiras a realizar determinadas actividades e em diminuir os lucros. Além disso, nestas situações, os grupos financeiros podem optar por evitar tais mercados e podem selecionar a opção de entrar em mercados que respeitem o tipo de regulação pró-cíclica. Por isso, concordamos com uma colaboração mais eficiente entre as autoridades de supervisão de todo o sistema financeiro internacional, de modo a criar normas e práticas de regulação homogéneas, transparentes, permanentemente reinventadas em função do contexto financeiro.

efeito e assim por diante) é, na verdade, o carácter evolutivo do sistema económico financeiro, cada vez mais complexo, como já constatámos.

Caso II: A crise é não-cíclica. Para este cenário, a literatura do domínio económico não nos oferece qualquer explicação. Mas pensamos que, no caso da estrutura de regulação financeira existente, a correlação com uma crise sócio-económica não cíclica não pode ser senão de causalidade. Existem alguns argumentos:

- *o carácter fragmentado e frágil das regulamentações financeiras internacionais,* o que reflecte a falta de coordenação, de colaboração e de adaptabilidade internacional a situações de crise internacional (prova disso é a crise financeira de 2007-2009);
- *o carácter limitado de atuação no âmbito da regulamentação existente,* a nível nacional. Aqui, referimo-nos a regulamentações financeiras que deveriam ser estendidas a outros sectores financeiros; estes aparecem, a seu tempo, em todos os ciclos económicos longos e podem gerar causas para a crise socioeconómica;
- *o carácter lento da modernização no domínio da regulamentação financeira.* Analisando mesmo o exemplo dos EUA, onde a regulamentação financeira foi adoptada tardiamente em relação ao desenvolvimento e ao grau de complexidade do sistema financeiro;
- *o carácter tentador do risco moral na regulação financeira.* O papel das autoridades de regulação para sustentar a ação de salvamento de instituições financeiras (especialmente de importância sistémica) pelos governos, agrava o comportamento de risco moral dos sujeitos económicos e, em seguida, provoca a crise.

Estes argumentos são igualmente adequados para o caso I, acima referido.

Nesta situação, a regulamentação financeira pode passar de causa a efeito da crise, da vontade das autoridades de melhorar a situação criada pela adoção de novas regras, adaptadas, pelo menos a curto e médio prazo, ao novo contexto económico-financeiro. A conclusão é que, seja qual for o carácter da crise (cíclica ou não cíclica), a regulação financeira é, em primeiro lugar, a causa e, depois, o efeito da mesma. Pensamos que o problema não deve ser tratado no ponto de partida da crise, mas no seu "percurso evolutivo" no sistema económico-financeiro, ao nível da mudança deste último numa perspetiva complexa. E sublinhamos que a regulamentação financeira pode contribuir significativamente para a eficiência e a estabilidade do complexo sistema financeiro e para evitar a acumulação de causas de crise socioeconómica ou, pelo menos, a escassez da sua ocorrência ao longo do tempo. Assim, a reforma e o repensar da estrutura da regulação financeira - qualitativa, quantitativa e "territorial" - são necessários para a concretização deste desiderato, e a ideia por nós proposta nos subcapítulos anteriores pode ser uma solução.

CAPÍTULO 4 - A REGULAÇÃO FINANCEIRA E A FENOMENOLOGIA DA CRISE SOCIOECONÓMICA

Neste capítulo, procuramos fundamentar os principais objectivos que a regulação financeira deve visar, a fim de contribuir para evitar, tanto quanto possível, o início de crises, ou seja, assegurar os sinais de alerta precoce das crises, evitar a criação de bolhas nominais, criar amortecedores nominais, evitar (reduzir) o risco moral, gerir as falhas do mercado nominal.

18. Objetivo 1 - Assegurar sinais de alerta precoce para as crises

Na prática da regulamentação financeira, nomeadamente a bancária, as autoridades específicas - bancos centrais e/ou autoridades de supervisão prudencial - utilizam determinados instrumentos e técnicas de avaliação dos riscos de crise. A avaliação baseia-se em análises da economia real e também do ambiente financeiro. Com base nestas análises, são recolhidos dados empíricos relevantes, utilizados em modelos econométricos com a função de alertar para o início das crises. Esses modelos assumem a forma de testes - Sistemas de Alerta Rápido ou de outros modelos.

Como a nossa busca científica tem como objetivo - sustentar a ideia de uma crise não cíclica, consideramos que qualquer método matemático utilizado na previsão de crises pelas autoridades de regulação não é relevante dentro de um sistema inerente evolutivo, com um carácter complexo e no qual actuam entidades com comportamentos imprevisíveis, os sujeitos económicos.

Embora no cenário de uma regulação financeira internacional, reformada com base em princípios de coordenação, colaboração, continuamente adaptada ao ambiente em mudança, o seu objetivo de assegurar os sinais de alerta precoce de crises só pode ser alcançado se forem respeitados os princípios acima mencionados.

Se o quadro regulamentar se tornar flexível e permanentemente realista em relação à situação financeira existente, isso terá o potencial de evitar a acumulação de causas que podem dar início ao evento chamado crise.

19. Objetivo 2 - Evitar a formação de bolhas nominais

Muitas vezes, as crises financeiras seguem-se ao que parece ser uma bolha nos preços dos activos. As bolhas especulativas têm, normalmente, três fases de desenvolvimento (Alle, Gale, 2000): 1. fase inicial e desenvolvimento da liberalização financeira ou através da decisão consciente do banco central de estimular o aumento do crédito ou outros eventos semelhantes; a expansão do crédito resultante é acompanhada pelo aumento dos preços dos activos durante um período, possivelmente alguns anos, em que a bolha especulativa se desenvolve; 2. A fase em que a bolha especulativa "explode" e os preços dos activos em questão "caem", muitas vezes, num curto período de tempo, alguns dias ou meses, mas, por vezes, durante um período de tempo mais longo; 3. A 3ª fase é caracterizada pela paragem dos pagamentos de muitas empresas que fizeram empréstimos para comprar activos a preços inflacionados, após esta onda de não pagamentos, seguem-se as falências e, depois, a crise (bancária, cambial, financeira, etc.). E, depois, as dificuldades associadas às crises bancárias ou cambiais geram problemas no sector real da economia que podem durar alguns anos (o que já referimos sobre as recessões).

As bolhas[56] ocorrem sempre que existe uma grande incerteza quanto à desvalorização dos activos reais ou à expansão do crédito. Ao criar estas políticas, os governos e os bancos centrais devem ter em consideração os possíveis efeitos das suas acções sobre os preços dos activos, a fim de evitar a criação de tais bolhas especulativas. Não é importante apenas o simples nível do crédito, mas também a incerteza quanto ao seu nível futuro (Alle, Gale, 2000).

Na nossa opinião, evitar a formação de bolhas nominais através da ação de regulação financeira pode ser conseguido de várias formas: estabelecer princípios rigorosos de creditação bancária e não bancária em que o principal critério represente a avaliação do nível real da capacidade de pagamento do cliente; depois, no fecho da transação, evitar ao máximo a manifestação do risco moral; por último, mas não menos importante, respeitar os índices quantitativos específicos da creditação para que o cliente seja consciente e responsável na gestão eficiente da dívida; a responsabilização das instituições do ponto de vista da assunção de riscos excessivos no estabelecimento e implementação de estratégias de fluxos de capitais diretamente para potenciais clientes, bem como para os seus próprios investimentos institucionais; a correlação da política monetária com as políticas económicas, de modo a que o carácter da política monetária não induza antecipações positivas entre os sujeitos económicos relativamente ao nível dos preços dos activos (especialmente imobiliários); tais antecipações manifestar-se-ão num pedido suplementar de fundos que estimulará ainda mais o aumento dos preços dos activos, etc.

20. Objetivo 3 - Criação de amortecedores nominais

Na literatura económica, os amortecedores nominais são o valor total do capital detido e em reserva que actua como uma atenuação das perdas, especialmente das resultantes de creditação.

A atual regulamentação financeira estabeleceu normas para a criação de tais amortecedores no sector bancário. Na prática, estas reservas são instrumentos para gerir melhor o risco e evitar o risco moral. Por exemplo, quando o desempenho dos activos de risco (imobiliário e acções) é baixo, esta reserva é esgotada e, quando os preços dos activos de risco sobem (formam-se bolhas especulativas), a reserva aumenta até ao seu nível máximo.

Consequentemente, consideramos que a prossecução deste objetivo da regulação financeira deve ser feita da seguinte forma revisão das normas de adequação de capital de Basileia II[57] ,

---

[56] Alguns exemplos de crises que começaram devido, sobretudo, à "explosão" de uma bolha especulativa: a Tulipa Holandesa, a Bolha do Mar do Sul em Inglaterra, a Bolha do Mississipi em França, a Grande Depressão de 1929 nos EUA, o Japão nos anos 80 e 90, depois em países como a Noruega, Finlândia, Suécia, Argentina, Chile, México, Indonésia, Malásia, Tailândia, Coreia do Sul, etc.

[57] O Acordo de Basileia II foi adotado no final de 2008 e propõe uma estratégia de adequação dos fundos próprios com base em três pilares que incluem abordagens alternativas para a avaliação dos riscos em função da sua sensibilidade (importância). Para além do carácter pró-cíclico, há acusações de falta de clareza na definição das abordagens propostas e de que os bancos não conseguiram avaliar corretamente os riscos. Estes foram subavaliados. Este facto provocou o fracasso na determinação das suas próprias taxas de adequação de capital. A crise de 2007-2009 sancionou uma creditação demasiado baixa e reservas de capital demasiado reduzidas. Além disso, estes regulamentos tinham um carácter de recomendação, o que teve um impacto reduzido na sua implementação efectiva

segundo a opinião de muitos autores, em critérios anticíclicos, de modo a ter efeitos benignos a longo prazo sobre a estabilidade do sistema bancário; uma verificação mais rigorosa da qualidade dos activos bancários com base nos quais são determinados os níveis de capital, como buffers; a avaliação periódica da garantia dos activos que estão na base dos empréstimos para evitar desvalorizações significativas (especialmente no caso de uma "explosão" de uma bolha especulativa); a expansão dos requisitos de adequação dos fundos próprios também ao nível das outras instituições que desenvolvem actividades no domínio financeiro (bancos de investimento, fundos de investimento, fundos de cobertura, companhias de seguros e resseguros, instituições de serviços financeiros, instituições de corretagem, etc.), mesmo de acordo com o modelo bancário.) mesmo de acordo com o modelo de regulação bancária adotado neste sentido; há que focar, também, estas instituições que apresentam risco sistémico (incluindo a categoria "too big to fail"); adoptando medidas de desincentivo à assunção excessiva de riscos por parte das instituições financeiras (respetivamente evitando e/ou reduzindo o risco moral).

21. Objetivo 4 - Evitar e/ou reduzir o risco moral

Numa abordagem mais simples, o risco moral é a tendência para a assunção de riscos excessivos, tanto por parte das instituições financeiras, pelo desejo de proteger o nível de lucros, como por parte dos clientes de capital, pelo desejo de exercer actividades com diferentes graus de risco, com base em empréstimos acedidos.

A crise mundial de 2007-2009 trouxe para o debate cada vez mais a importância de três problemas: a assimetria dos dados que determina a seleção contrária e os problemas de risco moral (teoria da agência).

A atual regulamentação bancária está orientada, em relação aos bancos, para muitos tópicos como (Mishkin, Eakins, 2012, p. 465): garantir a segurança governamental, restrições à posse de activos, requisitos mínimos de adequação do capital, acções punitivas imediatas, autorização e avaliação, avaliação da gestão de riscos, requisitos de divulgação de dados, proteção dos consumidores, restrições concorrenciais.

Analisando a especificidade destas actividades, verificamos que a maioria delas é afetada pelo risco moral - da instituição e dos potenciais clientes. Mas, neste caso, a culpa é maioritariamente dos bancos no agravamento destes problemas. Então, o que é que a regulação financeira deve fazer em relação a isso? Nesta situação, pensamos que reduzir ou evitar o risco moral no sistema financeiro deve basear-se em: aumento da responsabilidade sobre a importância de possuir informação sobre uma determinada parte envolvida numa transação, diminuindo os problemas de assimetria de dados e de seleção oposta através dos quais se criam os problemas de risco moral; ênfase na ideia de formação de inteligência financeira entre os sujeitos económicos. Através da educação financeira e da sua utilização inteligente (por exemplo, para proteger o valor dos fundos adiantados ao banco, através de um depósito), os sujeitos económicos podem limitar, indiretamente,

nos bancos (mesmo que estas recomendações tenham sido transpostas para as legislações nacionais).

a tendência para a assunção de riscos excessivos por parte dos bancos e/ou de outras instituições financeiras, ou seja, reforçando a disciplina, no mercado, das instituições financeiras com base na atitude dos intermediários com quem trabalham[58] ; rever a função da rede de "segurança" governamental a um nível que represente uma redução ou uma prevenção do risco moral e não um agravamento do mesmo; quanto a nós, apoiamos a ideia de que as autoridades devem abandonar o "salvamento a qualquer custo" das instituições financeiras, ação orientada de acordo com a política "privatizar os lucros e socializar os custos". Concordamos que a responsabilização das instituições, através da sua própria e efectiva assunção de riscos, conduzirá à redução das falhas morais e mesmo à melhoria dos seus próprios sistemas de gestão de riscos; revisão dos esquemas de garantia de depósitos de forma a contribuir, a par da educação financeira dos sujeitos económicos, para a consciencialização de que os fluxos de capitais no sistema financeiro devem assentar na ideia de "privatização" tanto das perdas como dos lucros das instituições financeiras (mesmo das de importância sistémica); rever as normas relativas aos requisitos de capital, através das quais, como referimos nos subcapítulos anteriores, a atitude de assunção de riscos excessivos é estimulada pelas instituições financeiras, ao mesmo tempo que o nível de lucros é ameaçado.

Pensamos que as acções para evitar e reduzir o risco moral podem afetar de certa forma o desenvolvimento do mercado financeiro (mais quantitativa do que qualitativamente), mas o efeito a longo prazo será o de apoiar a estabilidade do sistema.

22. Objetivo 5 - A gestão da deficiência nominal do mercado

A crise sócio-económica produz sempre (pelo menos, a que consideramos não cíclica) a falência do mercado nominal. Uma reação tradicional a este tipo de falhas é uma ação de emergência das autoridades governamentais para restaurar a confiança. São feitos anúncios públicos de acalmia aos participantes no mercado, bem como acções de apoio financeiro a instituições problemáticas, aquisições definitivas (nacionalizações), a facilitação de fusões estratégicas, a intervenção dos sistemas de garantia de depósitos, etc. Mas as acções tradicionais (para o ambiente socioeconómico contemporâneo) provocam apenas o agravamento dos problemas de risco moral e criam as premissas para a acumulação de novas causas para futuras crises e para o fracasso da regulamentação financeira.

Uma nova arquitetura de regulação global, baseada na colaboração, coordenação, flexibilidade e adaptabilidade, implicará repensar a gestão da falha nominal do mercado, transgredindo da política de "privatizar os lucros e socializar as perdas" para "privatizar os lucros e as perdas".

[58] Por exemplo, os sujeitos económicos, na qualidade de depoentes, podem exigir dos bancos informações sobre a colocação dos fundos captados como depósitos, bem como informações específicas sobre a estratégia de crédito (que se baseia no nível dos depósitos captados, devido ao princípio das reservas fraccionárias). Isto impediria os bancos de divulgarem informações completas aos seus clientes; o cliente pode pedir explicações em relação a certas actividades de risco. O resultado seria a redução do risco moral dos bancos.

Conclusões

Através deste trabalho "A crise e a regulação da atividade bancário-financeira", procurámos desde o início oferecer uma explicação lógica para a correlação - causal e funcional - entre a estrutura da regulação financeira e o mecanismo da crise financeira (considerada por nós, mais tarde, uma crise sócio-económica). O principal objetivo de investigação estabelecido para a resolução do problema científico deste trabalho foi o de delinear as causas, efeitos, direcções de mitigação das crises pelo processo de regulação da atividade bancário-financeira. Para tanto, utilizou-se uma metodologia científica entrelaçada com dedução, análise e argumentação crítica.

Na nossa busca científica, destacámos os seguintes aspectos: a argumentação para o carácter necessário dos ciclos e do lugar da crise no contexto dos ciclos económicos; a argumentação para o carácter não cíclico da crise, bem como a classificação das principais formas para a crise socioeconómica; o destaque do mecanismo gerador da crise; a proposta de uma nova definição para a crise socioeconómica e para a regulação financeira; a proposta de uma nova arquitetura para a regulação financeira, a nível global; a proposta de exercício da regulação financeira com base na colaboração público-privada; a modelação das situações em que a regulação financeira é um fator do mecanismo gerador da crise e das circunstâncias em que a regulação financeira é um fator ativo de restabelecimento da eficiência do sistema financeiro, devastado pelas crises.

Assim, pensamos que: a forma dos ciclos económicos materializa-se numa espiral ascendente ou descendente (dependendo dos valores quantitativos e qualitativos associados ao processo económico e implicitamente às aspirações dos sujeitos económicos); o processo económico é cíclico, necessariamente, natural (não pode ser de outra forma) numa perspetiva lógica. E os ciclos económicos podem ser definidos como um traço do processo económico que lhe induz (ao processo económico) uma flutuação intencional, estável a longo prazo, com tendências sustentáveis; os argumentos para o carácter não cíclico da crise (causalidade, mecanismo, ajustamento, impacto) devem obter os predicados suficientes de opcional, evitável, extrínseco, e a possibilidade de inexistência; as causas principais da crise do sistema socioeconómico são aqueles tipos de causas que não induzem um carácter cíclico ao fenómeno da crise, não ocorrem regularmente, frequentemente, mas têm um carácter imprevisível. Estas podem ser consideradas acumulações no tempo e no espaço de actos económicos e não económicos que, nas suas interdependências e com base nos atributos dos factores determinantes dos ciclos económicos (o sujeito económico e o objeto económico), contribuem para a manifestação percetível da crise; as principais causas do fenómeno não cíclico da crise socioeconómica são a complexidade, a intencionalidade dos sujeitos económicos, os actos das organizações económicas (EALS) e a inteligência financeira; o fenómeno crise dentro do sistema sócio-económico é o processo de início imprevisível de um acontecimento ou de uma turbulência geradora de reacções de pânico entre os sujeitos económicos individual e coletivamente; do nosso ponto de vista, a regulação da atividade financeira implica o processo através do qual as regras comportamentais são emitidas, impostas, verificadas e implementadas entre os sujeitos económicos (individual e coletivamente) em relação aos serviços financeiros, a fim de criar e manter a estabilidade num sistema financeiro evolutivo ; a arquitetura da regulação financeira deve ser construída numa visão holística, para respeitar alguns princípios gerais como colaboração, coordenação, transparência, flexibilidade (num sentido evolutivo) e responsabilidade. Juntamente com estes, devem ser integrados os princípios específicos do processo de regulação financeira; apesar do carácter da crise (cíclica ou não cíclica), a regulação financeira é, em primeiro lugar, causa e, mais tarde, efeito da crise.

Na compreensão, aceitação e adoção dos mecanismos de mitigação das crises sócio-económicas, um fator determinante é o processo de regulação financeira. Em termos lógicos, as correlações entre a crise e a regulação irão subsidiar as ações tomadas para a manutenção da estabilidade e, por que não, da sustentabilidade a longo prazo do sistema financeiro contemporâneo.

Referências:

- Agenor, P.R., Silva, L.P., (2010) - Cyclical effects of bank capital requirements with imperfect credit markets, *Journal of Financial Stability*, doi:10.1016/j.jfs.2010.07.002
- Allen,F., Galle, D. (2000) - Bubbles and crises, *The Economic Journal,* 110, no. 460, pp. 236 - 255.
- ASE (2000) - *Economie,* Edilia a V-a, Editura Economica, Bucuresti.
- ASE (2003) - *Economie,* Edilia a VI-a, Editura Economica, Bucuresti.
- Banco de Pagamentos Internacionais (BPI) (setembro de 2008). Como é que a atual crise financeira pode moldar a regulamentação e a estrutura do sector financeiro? Mar Gudmundsson, Financial Technology Congress 2008, Boston, 23 de setembro de 2008, disponível em www.bis.org.
- Barrell, R., Davis, E.P., Karim, D., Liadze, I., (2010) - Bank regulation, property prices and early warning systems for banking crises in OECD countries, *Journal of Banking and Finance,* doi: 10.1016/j.jbankfin.2010.02.015.
- Barrow, J.M., (2012) - Um modelo para a intervenção de uma crise financeira, *Global Journal of Business Research*, Vol. 6, No.2.
- Bolt, W., Tieman, A.F., (2004) - Bank competition, risk and regulation, *The Scandinavian Journal of Economics,* 106(4), 783 - 804 doi: 10.1111/j. 1467- 9442.2004.00389.x
- Boyd, J.H., Nicolo, G., Smith, B.D. - Crises in competitive versus monopolistic Banking systems, *Journal of Money, Credit and Banking,* Vol. 36. No. 3. Parte 2: Bank Concentration and Competition: An Evolution in the Making A Conference Sponsored by the Federal Reserve Bank of Cleveland May 21-23, 2003 (junho de 2004), pp. 487-506
- Bratu, R., Petria, N., (2012) - *The Structure of Financial Regulation (coautor),* Série Anais da Universidade de Ovidius Ciências Económicas, Volume XI, número 2, Imprensa da Universidade de Ovidius, 2012, ISSN 1582-9383
- Bratian, V., (2012) - *Organizalia economica si paradigma sistemului logic viu,* lucrare de disertalie postdoctorala - Proiect SPODE, cofinanlat prin Fondul Social European prin POSDRU 2007-2013, Contract nr. POSDRU/89/1.5/S/61755, Academia Romana, Bucuresti.
- Bunda, I., Zorzi, M., (2009) - Signals from housing and leading booms, *Emerging Markets Review,* doi: 10.1016/j.ememar.2009.09.003
- Busch, A. (2009) - *Banking Regulation and Globalization*, Oxford University Press, Reino Unido.
- Currie, C. (2006). Uma nova teoria da regulação financeira: Predicting, measuring and preventing financial crises. The Journal of Socio-Economics 35 (2006) 4871.
- de inserat bibliografia de la articolul public
- Demyanyk, Y., Hasan, I., (2010) - Financial crises and bank failures: a review of prediction methods, *Omega Journal* 38, p.315 - 324, disponível em www.elsevier.com/locate/omega
- Dinga, E., (2009) - *Studii de economie. Contribulii de analiza logica, epistemologica si metodologica,* Editura Academiei Romane, Bucuresti.

- Dinga, E., coord. (2011) - *Sustenabilitatea economicaprin politici de ajustare in contextul globalizarii*, Editura Economica, Bucuresti.
- Dinu, M. (2011) - *Repozilionari si convergence in dinamica economica - recursul la fundamente si configurarea contextului* - curs SpDAE, Academia Romana, Bucuresti.
- Dinu, M., (2010) - *Ciclicitate, globalizare si integrare economica,* curs SpDAE, Academia Romana, Bucuresti.
- Doyran, M.A., (2012) - Evidence on US savings and loan profitability in times of crisis, *The International Journal of Business and Finance Research*, vol. 6, No. 1,
- Fabozzi, F.J., Modigliani, F., Jones, F.J., (2010) - *Foundations of Financial Markets and Institutions*, Fourth Edition, Pearson Educational, New Jersey.
- Especial G20: mensagens da cimeira do G20 deste ano (2011).

http://www.pwc.com/gx/en/financial-services/issues/regulation/european-fs- regulation-update/updates/g20-special.jhtml, acedido em novembro de 2011.

- Greenspan, A., (2008) - *Era turbulenlelor - aventuri intr-o lume noua*, Editura Publica, Bucuresti.
- Grifft-Jones, S. (2009). How To Create Better Financial Regulation & Institutions. Propostas para a reforma da regulamentação financeira . FES Briefing Paper 2. março de 2009, www.fes-globalization.org
- Hagen, J., Ho, T-K., (2007) - Money market pressure and the determinants of banking crises, *Journal of Money, Credit and Banking*, Vol.39, No 5.
- Heid, F., (2007) - The cyclical effects of the Basel II capital requirements, *Deutsche Bundesbank, Wilhelm-Epstein-Strasse 14, 60431, Frankfurt an Main, Germany*, Elsevier B.V., doi: 10.1016/j.jnankfin.2007.03.2004.
- Holly, S., Petrella, I., (2008) - Fator demand linkages and the business cycle: interpreting aggregate fluctuations as sectoral fluctuations, *Faculty of Economics and Centre for International Macroeconomics and Finance (CIMF)*, University of Cambridge, Cambridge, CB3 9DD, UK.
- Huerta de Soto, J. (2011) - *Moneda, creditul bancar si ciclurile economice*, Edilia a II - a in limba romana, Editura Universilalii "Alexandru Ioan Cuza" Iasi - Inslilul "Ludwig von Misses" Romania,
- Hutchison, M.M., (2002) - European banking distress and EMU: institutional and macroeconomic risks, *The Scandinavian Journal of Economics,* Vol. 104, No.3, Macroeconomic Risk, Policies and Institutions, pp. 365 - 389.
- FMI, (2009). Lessons of the Financial Crisis for Future Regulation of Financial Institutions and Markets and for Liquidity Management" (Lições da crise financeira para a futura regulamentação das instituições e mercados financeiros e para a gestão da liquidez), http://www.imf.org/external/np/pp/eng/2009/020409.pdf
- Kitchin, J. (1923) - Ciclos e tendências dos factores económicos. *The Review of Economics and Statistics,* Vol. 5, No. 1, pp. 10-16.
- Kokkola, T., (2010) - *The Payment System. Payments, Securities and Derivatives, and the role of*

the Eurosystem, Banca Cenlrala Europeana, http://www.ecb.europa.eu.

- Leblang, D., Satyanath, S., (2006) - Institutions, expectations, and currency crises, International Organisation, Vol. 60, No. 1, pp. 245 - 262.
- Mishkin, F.S., Eakins, S.G., (2012) - *Financial Markets and Institutions*, Seventh Edition, Pearson Education Limited, Edinburgh, Inglaterra.
- Moshirian, F., (2010) - The global crisis and the evilution of markets, institutions and regulation, *Australian School of Business, University of New South Wales, Sydney, Australia,* Elsevier B.V., doi: 10.1016/j.jbankfin.2010.08.010
- Munteanu, F., (2011) - *Neliniaritatea procesului economic* - curs SpDAE, Academia Romana, Bucuresli.
- OCDE, (1997). Síntese da reforma regulamentar: Uma Síntese, http://www.oecd.org/regreform/regulatorypolicy/2391768.pdf
- OCDE, (2009). Quadro político para uma regulamentação financeira eficaz e eficiente. Recomendações e princípios, http://www.oecd.org/insurance/insurance/44187223.pdf
- OCDE, (2009). The Financial Crisis. Reform and Exit Strategies. http://www.oecd-ilibrary.org/finance-and-investment/the-financial- crisis_9789264073036-en
- OCDE, (2010). Quadro político para uma regulamentação financeira eficaz e eficiente. Orientações gerais e lista de controlo de alto nível, http://www.oecd.org/finance/financialmarkets/44362818.pdf
- Popescu, D., (2003) - *Economie politica,* Editura Continent, Editura Alma Mater, Editura Universilalii Lucian Blaga din Sibiu, Sibiu.
- Popescu, G, (2009) - *Evolulia gandirii economice*, Edilia a IV - a - revizuila, adaugila si aclualizala, Edilura CH-Beck, Bucuresti.
- Posen, A.S., (2011) - Monetary policy, bubbles, and the knowledge problem, *Cato Journal,* Vol. 31, No. 3.
- Quick, J. (2000) - A regulalor's view on managing olher risks in banking, *Risk Management: An International Journal,* Vol. 2, No.3, pp.15-21.
- Samuelson, P.A., Nordhaus, W.D. (2001) - *Economie*, Edilia in limba romana, Edilura Teora, Bucuresli.
- Shahrokhi, M., (2011) - The global financial crises of 2007 - 2009 and the future of capitalism, *Global Finance Journal* (2011), doi: 10.1016/j.gfi.2011.10.010
- Stuckler, D., Meissner, C.M., King, L. P., - Can a bank crisis break your heart?*Globalisation and health* 2008, 4:1 doi 10.1186/1744-8603-4-1
- Tanasescu, C., (2004) - *Ciclul economic - intre teorie §iposibile configuralii din perspetiva secolului XXI*, Edilura Universilalii Lucian Blaga din Sibiu, Sibiu.
- Turner, A., (2010) - The crisis, conventional economic wisdom, and public policy, *Industrial and Corporate Change,* Vol. 19, No. 5, pp. 1317-1329, doi: 10.1093/icc/dtq042.
- Wade, R., (2008) - The first - world debt crisis of 2007 - 2010 in global perspective, *Challenge*, Vol. 51, no.4., pp.23-54.

- White, L., (2011) - Um padrão-ouro com banca livre teria refreado a expansão e a recessão, Cato Journal, Vol.31, No. 3

MIX
Papier aus verantwortungsvollen Quellen
Paper from responsible sources
FSC® C105338

Printed by Books on Demand GmbH, Norderstedt / Germany